CATALOGUE
DES LIVRES
DE MONSIEUR

DAVY DE LA FAUTRIERE,

CONSEILLER AU PARLEMENT.

THÉOLOGIE.

BIBLIA Sacra. *Ant.* 1567. *in* 8. *m. v.*

2 Biblia Sacra. *Col.* 1679. 6 *vol, in* 18.

3 La Bible trad. par M. de Sacy. *Brux.* 1702. 3 *vol. in fol. G. P. l. r.*

4 Bible trad. *la Rochelle*, 1616. *in* 8.

5 La Bible trad en Anglois , avec la Liturgie. *Oxford*, 1741. *in* 4.

6 N. Teſtamentum. *Pariſ.*, 1668. *in* 16.

7 Examen du Nouveau Teſtament de Mons , par Mallet. *Rouen*, 1676. *in* 12.

A

8 Défense du N. Testament de Mons. *Col.* 1669. *in* 8.

9 Explications de plusieurs textes difficiles de l'Ecriture par D. Jacq. Martin. *Par.* 1730. 2 *vol. in* 4.

10 Conjectures sur la Genese, par M. Astruc. *Par.* 1753. *in* 12.

11 Rob. Bellarminus in Psalmos. *Lugd.* 1690. *in* 4.

12 Les Conseils de la Sagesse. *Par.* 1727. 2 *vol. in* 12.

13 Politique tirée de l'Ecriture S., par Bossuet. *Par.* 1709. *in* 4. *m. r.*

14 Bern. Lamy Apparatus ad Biblia, per tabulas concinnatus. *Gratianopoli.* 1687. *in fol.*

15 Dictionnaire de la Bible par D. Calmet. *Par.* 1722, 1728. 4 *vol. in fol.*

16 Sam. Bocharti Phaleg & Chanaan. *Francof.* 1681. *in* 4.

17 Explication des figures de Jupiter, d'Osiris, &c., par de la Gandie Chouet. *Au Mans.* 1688. *in* 8.

18 Hebræorum de connubiis Jus civile & pont. ex vers. Lud. de Compiegne de Veille. *Par.* 1673. *in* 8. *m. r.*

19 L'année chrétienne, par le Tourneux. *Par.* 1697 *& suiv.* 12 *vol. in* 12.

20 Breviarium Romanum. *Col.* 1688. 4 *vol. in* 12.

21 Breviarium Parisiense. *Lut.* 1745. 4 *vol. in* 8. *m. n.*

22 Office de la quinzaine de Pâques, lat. & fr. *Par.* 1740. *in* 8 *m. r.*

23 Livres de prieres (en Angl.) *Lond.* 1743. *in* 12.

24 Instructions chrétiennes pour les Indiens (en Angl.) *Lond.* 1741. *in* 12.

Jo. Mabillon Museum Italicum. *Par.* 1724. 2 *vol. in* 4.

26 Apologie du P. Hugo, contre Faydit. *Nancy*, 1702. *in* 8.

27 Recueil de pieces, concernant la Thefe de l'Abbé de Prades. *Par.* 1753. *in* 4.

28 Traité de l'amour de Dieu, par le Pelletier. *Par.* 1732. *in* 12. *Tome II.*

29 Hiftoire abregée du Janfenifme. *Col.* 1698. *in* 12.

30 Hiftoire du Janfenifme, par le P. Gerberon. *Amft.* 1700. 3 *vol. in* 12.

31 Hiftoire des V. Propofitions de Janfenius ; par le P. le Tellier. *Liege*, 1699. 2 *vol. in* 12.

32 La même. *Par.* 1700. *in* 12.

33 La Paix de Clément IX, par le Pere Quefnel. *Chamberri*, 1701. *in* 12.

34 Défenfe de l'Hift. des V Propofitions de Janfenius, par le Tellier. *Par.* 1701. *in* 12.

35 Ecrits fur la fignature du Formulaire. *Amft.* 1706. *in* 12.

36 Verit. Efprit des N. Difciples de S. Auguftin, par le P. Lallemant &c. *Par.* 1705. 4 *vol. in* 12.

37 Relation du différend entre MM. le Cardinal de Noailles & les Evêques de Luçon &c. *Amft.* 1712. *in* 12.

38 Anecdotes de la Conftitution, par Villefore. 1733. 3 *vol. in* 12.

39 Plainte du Pere Quefnel. *Amft.* 1715. Vains efforts contre la juftification du même. 1713. *in* 12.

40 Mémoires fur la Conftitution. 1713. *in* 12.

41 Témoignage de l'Univerfité de Paris fur la Conftitution. *Par.* 1716. 2 *tom.* 1 *vol. in* 12.

42 Entretiens d'un Docteur & d'un Laïc. 1737. *in* 12.

43 La vérité des Miracles de M. de Paris, par M. de Montgeron. *Utrecht*, 1737. *in* 4.

44 Lettres des Missions de la Chine. 7 *vol. in* 12.

45 Recherches sur la nature du feu de l'Enfer & du lieu où il est situé ; par Swinden, trad. par Bion. *Amst.* 1728. *in* 8.

46 Projet d'un établissement pour élever dans la piété les Savoïards, &c. (4 parties). *Par.* 1737. *in* 8.

47 Dissertat. sur le divertissement convenable aux Ecclésiastiques. *Paris*, 1684. *in* 12.

48 L'usure expliquée & condamnée par du Tertre. *Par.* 1673. *in* 12.

49 Step. Gradius de opinione probabili. *Romæ*, 1698. *in* 4.

50 Explication de quatre Paradoxes. par Concina. *Par.* 1751. *in* 12.

51 Les Provinciales, par Bl. Pascal. *Col.* 1669. *in* 12.

52 Les mêmes avec les notes de Nicole. *Rouen*, 1709. 3 *vol. in* 12.

53 Réponses aux Provinciales. *Liege*, 1658. *in* 12.

54 Réponses aux Lettres Provinciales, par le P. Daniel. 1696. *in* 12.

55 Morale pratique des Jésuites. *Col.* 1689. 8 *vol. in* 12.

56 Sermons du P. Bourdaloue. *Par.* 1707 *& suiv.* 14 *vol. in* 8.

57 Les mêmes. *Par.* 1716. 14 *vol. in* 12. (manq. le troisieme tom. des Dominicales).

58 Pensées de Bourdaloue. *Par.* 1740. 3 *vol. in* 12.

59 Sermons de Massillon. *Par.* 1745. 9 *vol. in* 12.

60 Œuvres spirituelles de Grenade, trad. par le P. Martin. *Par.* 1647. 2 *vol. in fol.*

61 Les mêmes, trad. par Girard. *Par.* 1679. *in fol.*

62 Lettres de S. Cyran. *Lyon*, 1674. 3 *vol. in* 12.

63 Jo. Bona Manuductio ad cœlum. *Brux.* 1670. *in* 24.

64 Essais de Morale, & Théologie de Nicole. *Par.* 1715. 22 *vol. in* 16.

65 Essais de Morale sur les Evangiles, par Nicole. *Par.* 1688. 8 *vol. in* 12.

66 Traité de Jurieu sur le Quiétisme. 1700. *in* 12.

67 Pensées de Pascal. *Par.* 1670. *in* 12.

68 Les mêmes avec sa vie. *Par.* 1714. *in* 12.

69 Les mêmes. *Par.* 1725. *in* 12.

70 Vérité de la Religion Chret., par Grotius, trad. *Par.* (Caracteres de Moreau) *in* 8.

71 Traité de la vérité de la Religion Chrétienne, par Abadie. *Lyon*, 1728. 4 *vol. in* 12.

72 Le Christianisme raisonnable, par Locke, trad. *Amst.* 1731. 2 *vol. in* 8.

73 Traités de l'existence & des attributs de Dieu, par Clarke, trad. par Ricotier. *Amst.* 1727. 3 *tom.* 2 *vol. in* 12.

74 Vérité de la Religion Chrétienne, démontrée par ordre géométrique, par Denise. *Par.* 1717. *in* 12.

75 La Religion Chrétienne, prouvée par les faits, par Houtteville. *Par.* 1722. *in* 4.

76 Lettres Flamandes. *Par.* 1752. *in* 12.

77 Discours concernant la Divinité, par Guill. Sherlock (en Angl.). *Lond.* 1743. *in* 8.

78 Méthode contre les Déistes, ou la certitude de la Relig. Chret. démontrée par Ch. Leslie (en Angl.) *Lond.* 1726. *in* 8.

79 Préjugés légitimes contre les Calvinistes, par Nicole. *Par.* 1699. *in* 12.

80 Conférence sur la matiere de l'Eglise, par Bossuet. *Par.* 1682. *in* 12.

81 Lettre d'Alaux sur l'Eucharistie. *Par.* 1707. *in* 12.

82 Jo. Durelli Vindiciæ Ecclesiæ Anglicanæ. *Lond.* 1669. *in* 4.

83 Morale Chrétienne par Th. Brown (en Angl.)
   Cambridge , 1716. *in* 12.
84 Tableau des différends de la Religion , par de
   Marnix. *Leyden* , 1600. *in* 8.
85 Penſées ſecretes ſur la Religion &c. , par G.
   Beveridge. *Amſt.* 1731. 2 *tom.* 1 *vol. in* 12.
86 Entretiens des Voyageurs ſur Mer. *Colog.*
   1715. 4 *vol. in* 12.
87 La Religion des Mahométans , par Reland , trad.
   avec des éclairciſſemens. *La Haye.* 1721. *in* 12.
88 Traité des cérémonies ſuperſtitieuſes des Juifs ,
   avec la réfutation. *Colog.* 1678 , 1731. 2 *vol.*
   in 12.
89 Alciphron , ou le petit Philoſophe. *Amſt.* 1734.
   2 *vol. in* 12.
90 La Friponnerie laïque des prétendus Eſprits
   forts , trad. de l'Angl. *Amſt.* 1738. *in* 12.
91 Lettres ſur la Religion eſſentielle à l'homme.
   Lond. 1739. 4 *part.* 2 *vol. in* 12.
92 Préſervatif contre le précédent ouvrage , par Fr.
   de Roches. *Gen.* 1740. 2 *vol in* 12.

JURISPRUDENCE.

93 Conc. Tridentini Canones cum additioni-
   bus , ſtudio Phil. Labbe. *Par.* 1667. *in fol.*
94 Pieces ſur le Concile de Trente. *in* 8.
95 Concilium Ebreduni habitum. *Gratianopoli* ,
   1728. *in* 4.
96 Jo. Pauli Lancelotti Inſtitutiones Juris canonici.
   Lugd. 1579. *in* 4.
97 Eædem. *Par.* 1670. *in* 12.
98 Inſtitution au Droit Eccleſ. , par Fleury. *Par.*
   1687. 2 *vol. in* 12.

99 Taxe de la Chancellerie romaine. *Rouen*, 1744. *in* 12.

100 Car. Molinæus contra parvas datas. &c. 1605. *in* 8.

101 Traité des Annates. *Rouen*, 1718. *in* 12.

102 Pouvoirs légitimes du premier & du second ordre dans l'administration des Sacremens &c., par Travers. 1744. *in* 4.

103 Traité des deux Puissances, par l'Abbé de Foy. *Par.* 1752 *in* 12.

104 Traité de l'autorité royale. *Par.* 1691. *in* 12. *m. r.*

105 Apologie des Jugemens contre le Schisme. *Par.* 1752. 2 *vol. in* 12.

106 Traité du droit & des prérogatives des Ecclésiastiques dans l'administration de la Justice séculiere, par Nic. Petitpied. *Par.* 1705. *in* 4.

107 Histoire du Droit Public, Eccles., François, & Canonique. *Par.* 1750. 3 *vol. in* 12.

108 Capitularia Regum Francorum cum notis Steph. Baluzii. *Par.* 1677. 2 *vol. in fol.*

109 Mémoire sur les Libertés de l'Eglise Gallicane. 1714. *in* 12.

110 Traités des Libertés de l'Eglise Gallicane, avec les preuves. *Par.* 1730. 4 *vol. in fol.*

111 S. Ludovici Pragmatica-Sanctio, cum notis Fr. Pinssonii. *Par.* 1663. *in* 4.

112 Explication du Concordat, par Jean Chastain. *Par.* 1678. *in* 12. *m. v.*

113 Actes & Mémoires du Clergé. *Par.* 1646. 3 *vol. in fol.*

114 Procès-verbal du Clergé, de 1681. *in* 4 *m. r.*

115 Actes du Clergé de 1681 & 1682, sur la Regale. *in* 4.

116 Actes du Clergé de 1682 & 1685, sur la Religion. *Par.* 1685. *in* 12.

117 Jo. Ben. Boſſuet Defenſio Declarationis Cleri Gallicani de poteſtate Eccleſ. *Luxemb.* 1730. *in* 4.

118 Extraits des Procès-verbaux du Clergé, & Procès-verbal de 1750. *in* 4.

119 Obſervations ſur l'Extrait du Procès-verbal du Clergé, de 1750. *in* 4.

120 Diſcours de Frapaolo, ſur les biens Eccléſiaſtiques. *Par.* 1750. *in* 12.

121 Lettres *Ne repugnate. Par.* 1750. *in* 8.

122 Liaſſe de huit pieces ſur le vingtieme du Clergé. *in* 12.

123 Diſcours ſur l'origine des troubles préſens de la France, &c. & autres Pieces. *in* 4.

124 Liaſſe de Pieces ſur le refus des Sacremens à MM. Coffin.

125 Liaſſe de vingt-neuf Pieces ſur les affaires du Parlement, & le refus des Sacremens. *in* 8. & *in* 12.

126 Tradition des faits. *in* 12.

127 Edits concernant les Hôpitaux & Maladeries de France. *Par.* 1675. *in fol.*

128 Edits &c. concernant les Hôpitaux généraux des Enfans trouvés, du S. Eſprit &c. *Par.* 1745. *in* 4.

129 Droit de la nature & des gens, par Pufendorf, trad. avec des notes par Barbeyrac. *Trévoux,* 1740. 3 *vol. in* 4.

130 Principes du droit naturel par Burlamaqui. *Geneve,* 1747. *in* 4.

131 Principes du droit politique, par Burlamaqui. *Par.* 1751. *in* 4.

132 De l'eſprit des Loix, par Monteſquieu. *Par.* 1749. 4 *vol. in* 12.

133 Le même *Geneve,* 2 *vol. in* 4.

134 Devoirs de l'Homme & du Citoïen, par Pufendorf,

fendorf, trad. par Barbeyrac. *Luxemb*. 1708.
in 12.

135 Droit de la Guerre & de la Paix, par Grotius,
trad. par Barbeyrac. *Trevoux*, 1729. 2 *vol. in* 4.

136 Le parfait Ambaſſadeur, par D. Ant. de Vera
& de Cunniga, trad. *Leyde* 1709. 2 *vol. in* 12.

137 L'Ambaſſadeur & ſes fonctions, par Wicque-
fort. *Geneve*, 1682. 2 *vol. in* 4.

138 Mémoires ſur les Ambaſſadeurs, par Wicque-
fort. *Col*. 1677. *in* 12.

139 Le Miniſtre d'Etat, par Silhon. *Amſt*. 1648.
in 12.

140 Le Miniſtre public, par de la Sarraz du Fran-
queſnay. *Par*. 1731. *in* 12.

141 Conſidérations polit. ſur les coups d'Etat, par
Naudé. *Amſt*. 1667. *in* 12.

142 De la maniere de négocier avec les Souverains
par de Callieres. *Amſt. in* 12.

143 Projet pour rendre la paix perpétuelle en Euro-
pe, par S. Pierre. *Par*. 1713. 2 *vol. in* 12.

144 Interêts préſens des Puiſſances de l'Europe,
par Rouſſet. *Trevoux*, 1734. 17 *vol. in* 12.

145 Droit public de l'Europe, par l'Abbé de Ma-
bly. *Par*. 1748. 2 *vol. in* 12.

146 Recueil de Traités de Paix. *Par. Leonard*,
1693 *& ſuiv*. 6 *vol. in* 4.

147 Recueil de Traités de paix &c. *Amſt*. 1700.
4 *vol. in fol*.

148 Corps diplomatique, depuis le cinquieme vol.
juſqu'au huitieme incluſ. *Amſt*. 1728. 4 *vol.*
in fol.

149 Supplément. *Amſt*. 1739. 5 *vol*. ——— Hiſtoire
des Traités de Paix. *Amſt*. 1725. 2 *vol. in fol*.

150 Traités de la Paix de Munſter. *La Haye*, 1725.
4 *tom*. 3 *vol. in fol*.

151 Mémoires pour ſervir à l'Hiſtoire du XVIIIe

fiecle, par de Lamberty. *La Haye*, 1724 *& fuiv.*
14 *vol. in* 4. (les tom. 6,7,8,9,10,13,14, papier
fin).

152 Recueil hift. d'Actes, Négociations & Mé-
moires, par Rouffet. *La Haye*, 1728. 12 *vol.*
in 12.

153 Hiftoire de la Jurifprudence romaine, par
Ant. Terraffon. *Par.* 1750. *in fol.*

154 Corpus Juris civilis, cum indice. *Par.* 1576.
6 *vol. in fol. C. M.*

155 Idem. *Lugd.* 1581. 22 *vol. in* 16.

156 Loix civiles, par Jean Domat. *Luxemb.* 1702.
in fol.

157 Juftiniani Inftitutiones. *Amft.* 1647. *in* 16.

158 Jo. Borcholten in Inftitutiones. *Par.* 1623.
in 4.

159 Arn. Vinnius in Inftitutiones impériales. *Lugd.*
Bat. 1709. 2 *vol. in* 4. (Cum notis mff.)

160 Table des Ordonnances &c., par Guill. Blan-
chard. *Par.* 1687. *in* 4.

161 Table des Ordonnances des Rois de France,
par Lauriere. *Par.* 1706. *in* 4.

162 Ordonnances des Rois de France, recueillies
par MM. de Lauriere & Secouffe. *Par.* 1723 *&*
fuiv. 8 *vol. in fol.*

163 Edits & Ordonnances recueillis par Neron.
Par. 1685. *in fol.*

164 Code de Henri III, par Briffon. *Par.* 1605.
in fol.

165 Conférence des Ordonnances, par P. Gue-
nois. *Par.* 1641. 2 *vol. in fol.*

166 Ordonnances de 1667 - 69 - 70 - 73 - 80 - 81.
Par. 1667. *& fuiv.* 7 *vol. in* 4.

167 Ordonnance de 1667 & 1669. 2 *vol. in* 24.
m. r.

168 Obfervations générales fur l'Ordonnance de
1667. *in fol. mff.*

169 Conférénces des Ordonnances de Louis XIV,
par Phil. Bornier. *Par.* 1703. 2 *vol. in* 4.

170 Recueil des Edits & Ordonnances concernant
les Domaines & Droits de la Couronne, avec les
Comment. de L. Carondas le Caron. *Par.* 1690.
in 4.

171 Recueil de Pieces touchant les duels & rén-
contres. *Par.* 1663. *in* 4.

172 Mémorial alphabétique de Juftice, Police &
Finances. *Par.* 1697. *in* 8.

173 Conférence des Edits de pacification , par P.
de Beloy. *Par.* 1600 *in* 8.

174 Abregé des Edits de Louis XIV , contre les
Proteftans , par Soulier. *Par.* 1681. *in* 12.

175 Recueil des Edits au fujet des Réformés, *Par.*
1701. *in* 8.

176 Efprit des Ordonnances de Louis XV , fur les
Donations & les Teftamens , par   *Par.*
1752. *in* 12.

177 Obfervations fur les Edits de nos Rois, tou-
chant la célébration des Mariages, par Horry.
Par. 1692. *in* 4.

178 Arrêts de Filleau. *Par.* 1630. 2 *vol. in fol.*

179 Recueil de queftions notables , par Soefve.
Par. 1700. *in fol.*

180 Recueil des Arrêts de la Chambre de Mets.
Par. 1681. *in* 4.

181 Inftitutes coutumieres de Loifel. *Par.* 1679.
in 12. *m. r.*

182 Coutumier général , nouvelle Edition donnée
par Bourdot de Richebourg. *Par.* 1724. 8 *vol.*
in fol.

183 Coutumes de Paris avec les obfervations de
Tournet, Joly &c. *Par.* 1665. *in* 12.

184 Commentaire fur la Coutume de Paris , par
Ferriere , augm. par Sauvan d'Aramon. *Par.*
1719. 2 *vol. in* 12.   B ij

185 Les Us & Cout. de la Mer. *Rouen*, 1671. *in* 4.

186 Portefeuille contenant un Recueil du réfultat des Conférences tenues en 1711, 1712, 1713, fur la Jurifprudence.

187 Découverte des myfteres du Palais. *Paris*, 1693. *in* 12.

188 Traité des Fiefs, par Chantereau le Febvre. *Par.* 1662. *in fol.*

189 Principes du Droit françois fur les Fiefs, par Billecocq. *Par.* 1729. *in* 12.

190 Traité de la preuve par Témoins en matiere civile, par Danty. *Par.* 1715. *in* 4.

191 Dictionnaire de Juftice, Police & Finances, par Chafles. *Par.* 1725. 3 *tom.* 2 *vol. in fol.*

192 Caufes célebres, par Gayot de Pitaval. *Par.* 1734 & *fuiv.* 20 *vol. in* 12.

193 Mémoires pour & contre M. de la Bourdonnais. *in* 4.

194 Mémoires, Factums, fur différens fujets. *in fol.*

195 Liaffe de Pieces diverfes, Arrêts, Mémoires, Manifeftes & Oraifon funebre du Card. de Fleury. *in* 4.

196 N. Praticien François, par Lange. *Par.* 1694. *in* 4.

197 Droit public germanique. *Amft.* 1749. 2 *vol. in* 12.

198 Code Frederic. 1751. 3 *vol. in* 8.

SCIENCES ET ARTS.

PHILOSOPHIE.

199 DICTIONNAIRE des Arts & des Sciences par Th. Corneille. *Par.* 1694. 2 *vol. in fol.*

200 Encyclopédie, par Chambers. (en Anglois). *Lond.* 1743. 2 *vol. in fol.*

201 Liasse de trois pieces sur la nouvelle Encyclopédie. *in* 12.

202 Histoire critique de la Philosophie, par Deslandes. *Trevoux.* 1741. 3 *vol. in.* 12.

203 Histoire de la Philosophie païenne. *La Haye*, 1724. 2 *vol. in* 12.

204 Œuvres de Platon, trad. par Dacier. *Paris*, 1701. 2 *vol. in* 12.

205 Extrait de Platon, par Fleury. *Par.* 1698. *in* 12.

206 Vie de Pythagore, par Dacier. *Par.* 1706. 2 *vol. in* 12.

207 Hypotyposes ou Institutions pirroniennes de Sextus Empiricus, trad. *Amst.* 1725. *in* 12. *m. r.*

208 L. An. Senecæ Opera, ex emendat. Lipsii. *Ant.* 1605. *in fol.*

209 Eadem. *Amst.* 1633. *in* 12.

210 Œuvres de Seneqne, trad. par M. de Chalvet. *Par.* 1638. *in fol.*

211 Les mêmes. *Par.* 1638. *in fol.*

212 Controverses de Seneque, trad. par de Lesfargues. *Par.* 1656. *in fol.*

213 Le Cueur des secrets de Philosophie, translaté à la Requête de Philippe le Bel. *Par.* 1529. —— Legende des Flamans. *Par.* 1522. *in* 4.

214 Œuvres de Descartes. *Par.* 1724. 11 *vol. in* 12.

215 Principes de la Philosophie de Descartes, trad. *Par.* 1651. *in* 4.

216 P. D. Huetii Censura Philos. Cartesianæ. *Par.* 1689. *in* 12. *m. r.*

217 Abregé de la Philosophie de Gassendi, par Fr. Bernier. *Par.* 1674. *in* 12.

218 Réflexions sur le système de Regis, par du Hamel. *Par.* 1692. *in* 12.

219 Elemens de la Philosophie de Newton , par
Voltaire. *Par.* 1738. *in* 8.

220 Les mêmes. *Par.* 1741. *in* 12.

221 Réponse aux objections faites contre la Philo-
sophie de Newton. 1739. *in* 8.

222 Introduction à la Philosophie , par s'Grave-
sande , trad. *Leide* , 1737. *in* 12.

223 Manuel d'Epictete avec les commentaires de
Simplicius , trad. par Dacier. *Par.* 1715. 2 *vol.*
in 12.

224 Pensées morales de Marc Antonin , trad. *Par.*
1681. *in* 12.

225 Les mêmes , trad. avec des Remarques , par
Dacier. *Par.* 1691. 2 *vol. in* 12.

226 Œuvres morales & politiques de Franc. Ba-
con , trad. par Baudoin. *Par.* 1626. *in* 8.

227 L'Artisan de la fortune , par Bacon , trad.
Par. 1689. *in* 12.

228 Essais de Bacon , trad. *Par.* 1734. *in* 12.

229 Les trois Mirouers du Monde , par Jehan Pi-
card , revus & corrigés par Cl. de Campis. *Par.*
1530. *in* 8.

230 Consolations de la Philosophie , par Ceriziers.
Par. 1663. *in* 12.

231 Maximes & Remarques morales & politiques,
&c. *Amst.* 1701. *in* 12.

232 Réflexions sur différens sujets. *Par.* 1677.
in 12.

233 Essais de morale & de politique. *Lyon.* 1687.
in 12.

234 Traité du vrai mérite de l'Homme , par le
Maître de Claville. *Rouen* , 1738. 2 *vol. in* 12.

235 Défense & forteresse de l'honneur & vertu des
Dames , divisé en quatre bastions , par Fr. de
Billon. *Par.* 1564. *in* 4.

236 L'Ecole de la sagesse , Dialogue contre les
Femmes. *Par.* 1699. *in* 12.

237 Conseils d'Ariste à Celimene. *Par*. 1692.
in 12.

238 Conseils donnés à une jeune personne. *Paris*,
1710. *in* 12.

239 Diverses Maximes & Réflexions. *Par*. 1707.
in 12.

240 Vérités Satyriques en Dialogues. *Paris*, 1725.
in 12.

241 Caracteres de Théophraste, par la Bruiere.
Paris, 1700. 2 *vol. in* 12.

242 Les mêmes. *Par*. 1700. 3 *vol. in* 12.

243 Réflexions sur divers sujets. *Par*. 1711. *in* 12.

244 L'Esprit du siecle. *Par*. 1707. *in* 12.

245 Considérations sur les mœurs de ce siecle, par
Duclos. *Par*. 1751. *in* 12.

246 Le Spectateur Anglois, par Steele, (en Angl.)
Lond. 1739. 8 *v. in* 12.

247 Le même, trad. *Rouen*, 1722. 6 *v. in* 12.

248 Le même. *Trevoux*. 1741. 6 *v. in* 12.

249 Bibliotheque des Dames, par Steele. *Amst*.
1724. *in* 12.

250 Le Mentor moderne. *Rouen*, 1725. 3 *vol*.
in 12.

251 Le Misantrope, par Van Effen. *La Haye*,
1726. 2 *vol. in* 12.

252 Le Free-holder, ou l'Anglois jaloux de sa li-
berté, trad. *Amst*. 1727. *in* 12.

253 Le Babillard (en Angl.) *Lond*. 1737. 4 *vol*.
in 12.

254 La Bagatelle, par Van Effen. *Amst*. 1722. 3
tom. 1 *vol. in* 12.

255 Pensées diverses sur l'Homme, par Pecquet.
Par. 1738. *in* 12.

256 La fausseté des vertus humaines, par Esprit.
Par. 1678. 2 *vol. in* 12.

257 Principes de la Philosophie morale, ou Essai

sur le mérite & la vertu. *Amst.* 1745. *in* 8.

258 Entretiens de Petrarque, trad. *Par.* 1673. 2 *vol. in* 12.

259 De la vertu des Payens, par la Motte le Vayer. *Par.* 1647. *in* 4.

260 Caractères des Passions, par de la Chambre. *Par.* 1663. 5 *vol. in* 12.

261 Maximes de Madaillan de Lesparre sur les devoirs de l'amitié &c. mf. *in* 4. *m. r.*

262 De l'éducation des Enfans, par Locke, trad. par Coste. *Par.* 1711. *in* 12.

263 La même. *Rouen,* 1737. *in* 12.

264 Avis d'une Mere (Mde. Lambert) à son Fils & à sa Fille. *Par.* 1728. *in* 12.

265 Testament de P. Fortin de la Hoguette. *Par.* 1649. *in* 8.

266 Institution d'un Prince, par Duguet. *Amst.* 1743. 3 *vol. in* 12.

267 Instruction polit. pour un Gentilhomme. *Par.* 1695. *in* 12.

268 L'Art de plaire dans la conversation, par Bellegarde. *Paris,* 1688. *in* 12.

269 N. Traité de la Civilité françoise. *Par.* 1688. *in* 12.

270 Traité de la Paresse, par Courtin. *Par.* 1677. *in* 12.

271 Ouvrages de Politique de l'Abbé de Saint Pierre. *Rotterd.* 1738. 22 *v. in* 12.

272 Réflexions hist. & polit. sur les moïens de gouverner les Etats, &c. *Leide,* 1739. *in* 12.

273 Maximes polit., par le P. d'Obeilh. *Amst.* 1671. *in* 12.

274 L'Art de regner, par le P. le Moyne. *Par.* 1665. *in fol.*

275 Arn. Clapmarius de Arcanis rerum publicarum. *Amst.* 1641. *in* 12.

276 Jo. Caſi Sphæra Civitatis. *Francof.* 1589. *in* 4.

277 République de Jean Bodin. *Par.* 1579. *in fol.*

278 Amb. Marliani Theatrum politicum. *Dantiſci.* 1655. *in* 12.

279 Georg. Hornii Diſſertationes, & Orbis Politicus. *Lugd. Bat.* 1655, 1668. 2 v. *in* 12.

280 J. Lipſii Politica. *Lugd. Bat.* 1634. *in* 18.

281 Les Politiques de Juſte Lipſe, trad. *Gen.* 1613. *in* 12.

282 Utopie de Th. Morus, trad. par Gueudeville. *Amſt.* 1730. *in* 12.

283 Diſcours ſur le Gouvernement, par Algernon Sidney, trad. par Samſon. *La Haie*, 1702. 3 v. *in* 12.

284 Steph. Junii Bruti Vindiciæ contra Tyrannos. *Amſt.* 1660. *in* 12.

285 Traité phil. des Loix naturelles, par Cumberland, trad. par Barbeyrac. *Amſt.* 1744. *in* 4.

286 Le Prince de Machiavel, trad. par Amelot. *Amſt.* 1684. *in* 12.

287 Examen du précédent. 1622. *in* 12.

288 Autre avec des notes par Voltaire. *La Haie*, 1741. 2 *tom.* 1 v. *in* 8.

289 L'Homme de Cour, par Gracian, trad. par de la Houſſaie. *Amſt.* 1728. *in* 12.

290 L'Homme détrompé par Gracian, trad. *Gen.* 1725. 3 *vol. in* 12.

291 Le Vrai Citoïen. *La Haie*, 1743. *in* 8.

292 Hiſtoire du Commerce & de la Navigation des Anciens, par Huet. *Par.* 1716. *in* 12.

293 Dictionnaire du Commerce, par Savary. *Amſt.* 1726, 1732. 3 v. *in* 4.

294 Mémoires pour les Finances. *mſ. in fol.*

295 Secret des Finances de France, par Froumenteau. *Par.* 1581. *in* 8.

296 Détail de la France, par Boisguillebert. 1707. *in* 12.   C

297 Projet d'une Dîme roïale , par M. de Vauban. *Amst.* 1707. *in* 12.

298 Des Tailles, & des Officiers établis pour la levée , recette, & jugemens. *mss. in fol.*

299 Projet de Taille tariffée par l'Abbé de S. Pierre. *Rotterd.* 1737. *in* 12.

300 Essai sur la Marine & sur le Commerce, par Deslandes. *Amst.* 1743. *in* 12.

301 Essai Politique sur le Commerce, par Mellon. *Par.* 1736. *in* 12.

302 Réflexions politiques sur les Finances, par du Tot. *Par.* 1738. 2 *v. in* 12.

303 Examen du préced. Ouvrage, par Deschamps. *Par.* 1740. 2 *v. in* 12.

304 Remarques sur les avantages & les désavantages de la France , &c. , par rapport au Commerce , par Nickols, trad. *Par.* 1754. *in* 12.

305 De la Recherche de la Vérité , par le P. Malebranche. *Par.* 1790. 3 *vol. in* 12.

306 Réflexions sur le systême de la nature & de la grace, par Arnauld. *Col.* 1685 . 3 *vol. in* 12.

307 Des vraies & des fausses idées , par Arnauld. *in* 12.

308 Dissertation d'Arnauld sur les Miracles de l'anc. Loi. *Col.* 1685. *in* 12.

309 La Philosophie du bons sens , par d'Argens. *La Haie ,* 1740. 2 *vol. in* 12.

310 Traité des Systêmes , par Bonnot de Condillac. *Par.* 1749. 2 *v. in* 12.

311 Essai sur l'origine des connoissances humaines, par le même. *Par.* 1746. 2 *vol. in* 12.

312 Traité des Sensations , par le même. *Paris ,* 1754. 2 *vol. in* 12.

313 Essais de Théodicée sur la bonté de Dieu, &c. par Leibnitz. *Amst.* 1734. 2 *vol. in* 12.

314 Traité de l'immortalité de l'ame , démontrée

autant qu'il est possible par les connoissances na-
turelles & par la lumiere de la raison. *ms. in fol.
m. r.*

315 Systême de l'ame, par la Chambre, *Paris,*
1665. *in* 12.

316 Traité de la foiblesse de l'Esprit humain, par
Huet. *Amst.* 1723. *in* 12.

317 Essai phil. concernant l'Entendement humain
par Locke, trad. par Coste. *Amst.* 1729. *in* 4.

318 Abregé du précedent ouvrage, trad. par
Bosset. *Trevoux,* 1741. *in* 12.

319 Traités d'Ant. Shafftesbury. (en Anglois.)
Lond. 1733. 3 *vol. in* 12.

320 Dissertations sur l'union de la Religion, de
la Morale & de la Politique; tirées de Guill.
Warburton. *Amst.* 1742. 2 *vol. in* 12.

321 La Fable des Abeilles (en Angl.). *Lond.*
1732. *in* 8.

322 Collections de Traités sur différens sujets, par
Th. Chubb (en Angl.). *Lond.* 1730. *in* 4.

323 Discours sur l'expérience & la raison, par
Bayle. *Par.* 1675. *in* 12.

324 Pensées sur l'interprétation de la Nature. *Par.*
1754. *in* 12.

325 Abregé du Méchanisme universel, par Morin.
Chartres, 1735. *in* 12.

326 Lettres sur les Aveugles. 1749.══L'Ombre du
grand Colbert. 1749. *in* 12.

327 Ouvrages du Citoïen de Geneve (Rousseau)
in 8.

328 Jo. Bap. Portæ Magia naturalis *Ant.* 1560.
in 8.

329 Le Monde enchanté, par Bekker. *Rotterd.*
1694. 4 *v. in* 12.

330 Apologie pour les grands Hommes soupçon-
nés de Magie, par Gab. Naudé. *Amst.* 1712. *in* 8.

331 Diſſertation ſur les apparitions des Eſprits. *Par.* 1731. *in* 12.

332 Diſſertations ſur les Vampires, par Calmet. *Par* 1746. *in* 12.

333 La Phyſique occulte, par Vallemont. *Amſt.* 1696. *in* 12.

334 Lettres ſur la Baguette. *Par.* 1697. *in* 12. *m. r.*

335 Hiſtoire crit. des Pratiques ſuperſtitieuſes, par le P. le Brun. *Par.* 1732. 3 *v. in* 12.

336 Traité de Phyſique, par Rohault. *Par.* 1682. 2 *vol. in* 12.

337 Rob. Boyle de coloribus, de qualitatibus rerum coſmicis: de vi Aeris elaſtica. *Roterod.* 1661. & *ſeqq.* 4 *v. in* 12.

338 Conjectures phyſiques, par Nic. Hartſoeker. *Amſt.* 1706, 1708, 1710. 2 *vol. in* 4.

339 Eſſai de Phyſique par Muſſchenbroek, trad. par Maſſuet. *Leyden,* 1739. 2 *v. in* 4.

340 Obſervations de Phyſique. *Par.* 1730. 3 *vol. in* 12.

341 Entretiens Phyſiques du P. Regnault. *Par.* 1732. 4 *vol. in* 12.

342 Les mêmes. *Par.* 1737. 4 *vol. in* 12.

343 Leçons de Phyſique de Privat de Molieres. *Par.* 1734. 2 *vol. in* 12.

344 Expériences de Phyſique, par Poliniere. *Par.* 1718. *in* 12.

345 Les mêmes. *Par.* 1734. 2 *vol. in* 12.

346 Inſtitutions de Phyſique, par Mde. du Châtelet. *Par.* 1740. *in* 8.

347 Leçons de Phyſique expérimentale, par Côtes trad. par le Monnier. *Par.* 1742. *in* 8.

348 Recueil de Traités de Phyſique &c., par Deſlandes. *Par.* 1736. *in* 12.

349 Mémoires ſur la Phyſique, les Mathématiques, &c, trad. de l'Anglois, par Eidous. *Par.* 1750. *in* 12.

350 Programme de l'Abbé Nollet. *Par.* 1738. *in* 12.

351 Leçons de Physique expérimentale du même. *Par.* 1743. 4 *v. in* 12.

352 Les mêmes. *Par.* 1743. 3 *vol. in* 12.

353 Histoire du Ciel, par Pluche. *Par.* 1739. 2 *vol. in* 12.

354 Telliamed par Maillet. *Paris*, 1748. *in* 8.

355 Description d'un Ventilateur par Eft. Halles, (en Angl.) *Lond.* 1743. *in* 8.

356 Traités de l'équilibre des liqueurs, &c., par Pascal. *Par.* 1663. *in* 12.

357 Les mêmes. *Par.* 1698. *in* 12.

358 Traités de Méchanique, de l'équilibre, des solides & des liqueurs, par le P. Lamy. *Par.* 1679. *in* 12.

359 Joh. Alph. Borellus de Vi percussionis, edente Jo. Broen. *Lugd. Bat.* 1686. *in* 4.

360 Second Essai de la nature de l'air, par Mariotte. *Par.* 1679. *in* 12.

361 La Statique des végétaux, & l'Analise de l'air, par Halles, trad. par M. de Buffon. *Par.* 1735. *in* 4.

362 Dissertations sur l'électricité, par J. T. Desaguliers (en Angl.) *Lond.* 1742. *in* 8.

363 Essai sur l'Electricité des Corps, par Nollet. *Par.* 1746. ══ Expériences sur l'Electricité, par Franklin, trad. *Par.* 1752. *in* 12.

364 Le Spectacle du Feu élémentaire, & Cours de l'Electricité expérimentale, par Ch. Rabiqueau. *Par.* 1753. *in* 8.

365 Dissertation sur la Glace, par de Mairan. *Par.* 1749. *in* 12.

366 Traité Physique de la lumiere & des couleurs, par Jean Banieres. *Par.* 1737. *in* 12.

367 Fr. Baconus de Ventis. *Amst.* 1661. *in* 12.

368 Apologie des Bêtes, par de Beaumont. *Par.* 1739. *in* 8.

369 Essai Philos. sur l'ame des Bêtes, par Boullier. *Amst.* 1728. *in* 12.

370 Discernement du Corps & de l'Ame, par de Cordemoy. *Par.* 1671. *in* 12.

371 Dissertation sur le Negre blanc. *Par.* 1744. *in* 12.

HISTOIRE NATURELLE.

372 C. Plinii Historia naturalis. *Col.* 1524. *in fol.*

373 Eadem, cum notis varior. *Lugd. Bat.* 1669. 3 *vol. in* 8.

374 Histoire du Monde, par Pline, trad. par du Pinet. *Par.* 1615. *in fol.*

375 Spectacle de la nature, par Pluche. *Paris,* 1737. 7 *v. in* 12.

376 La Lithologie & la Conchyliologie, par Dezalliers. *Par.* 1742. *in* 4.

377 Traité de l'Aiman, par Dalancé. *Amst.* 1687. *in* 12.

378 Discours des Eaux chaudes & Bains de Plombieres, par Dom. Berthemin. *Nancy,* 1615 *in* 8.

379 Nouv. Traité des Eaux minérales de Forges, par Linand. *Par.* 1697. *in* 8.

380 Systême des Bains & Eaux de Vichy, par Fouet. *Par.* 1686. *in* 12.

381 Dictionnaire du bon Ménager, par Liger. *Par.* 1722. *in* 4.

382 Dictionnaire Œconomique, par Chomel. *Lyon,* 1732. 2 *v. in fol.*

383 Le même avec le Supplément, *Lyon,* 1732, 1743. 4 *vol. in fol.*

384 Ad. Spigelii Isagoges in rem herbariam. *Lugd. Bat.* 1633. *in* 24.

385 Elémens de Botanique, par Tournefort. *Par.* 1694. 3 *vol. in* 8.

386 Hiſtoire des Plantes. *Lyon*, 1726. 2 v. *in* 12.

387 Hiſtoire du Tabac, par de Prade. *Par.* 1677. *in* 12.

388 Remarq. ſur la culture des Fleurs, par P. Morin. *Par.* 1678. *in* 12.

389 Méthode pour les Arbres à fruit, par de la Riviere & du Moulin. *Par.* 1738. *in* 12.

390 Le Jardinier fleuriſte, par Liger. *Par.* 1721. *in* 12

391 Théorie & pratique du Jardinage, par le Blond. *Par.* 1722. *in* 4.

392 Theatrum Animalium ſtudio Henr. Ruyſch. *Amſt.* 1718. 2 *vol. in fol.*

393 Traité des Serins de Canarie, par Hervieux. *Par.* 1709. *in* 12.

394 Fr. Redi Opuſcula. *Lugd. Bat.* 1729. 3 *vol. in* 12.

395 Mémoires pour ſervir à l'Hiſtoire des Inſectes par de Reaumur. *Par.* 1734 *& ſuiv.* 6 *vol. in* 4.

396 Hiſtoire naturelle avec la deſcription du Cabinet du Roi, par M. de Buffon. *Par.* 1749. *& ſuiv.* 4 *vol. in* 4.

397 Catalogue des Curioſités du Cabinet de la Roque : de Coquilles, par Gerſaint. *Par.* 1745, 1736, 1737. *in* 12.

MÉDECINE, &c.

398 Œuvres d'André du Laurens, trad. par Th. Gelée. *Par.* 1613. *in fol.*

399 Elémens de Médecine, par Bontekoé. *Paris*, 1698. 2 *vol. in* 12.

400 De la Digeſtion & des Maladies de l'eſtomac, par Hecquet. *Par.* 1712. *in* 12.

401 Les trois premiers Livres de la ſanté en vers, par Gérard François. *Par.* 1585. *in* 12.

402 Dialogue de la Santé. *Paris*, 1683. *in* 12.

403 Regles de la fanté, par A. Porchon. *Paris*, 1684. *in* 12.

404 Régime de fanté, par de la Cour. *Par.* 1686. *in* 12.

405 Le même. *Par.* 1690. *in* 12.

406 Traité des Maladies, par Helvetius. *Paris*, 1703. *in* 12.

407 Traité de la communication des maladies & des Paſſions. *La Haye*, 1738. *in* 12.

408 Traité de la matiere médicale, par Geoffroi, trad. *Par.* 1743. 7 *vol. in* 12.

409 Diſſertations fur pluſieurs maladies populaires, par Navier. *Par.* 1753. *in* 12.

410 Hiſtoire de la maladie ſinguliere d'une Femme, &c. par Morand. *Par.* 1752. ══ Réplique de M. Navier à M. Aubert. *Par.* 1752. *in* 12.

411 Diſſertation fur l'incertitude des ſignes de la Mort, par Bruhier. *Par.* 1742. *in* 12.

412 Remarques de Médecine, par Andry. *Par.* 1711. *in* 12.

413 Des propriétés de la Médecine par rapport à la vie civile, par de Santeul. *Par.* 1739. *in* 12.

414 Nouv. Découvertes en Médecine, par de Marconnay. *Rouen*, 1734. ══ Diſſert. fur un mal de gorge gangreneux, par Chomel. *Par.* 1749. *in* 12.

415 Anatomie du Corps humain, par de S. Hilaire. *Par.* 1698. 2 *vol. in* 8.

416 Anatomie du corps de l'homme, par Noguez. *Par.* 1723. *in* 12.

417 Anatomie des parties génitales de l'homme & de la femme, par Graaf, trad. *Bâle*, 1689. *in* 8.

418 Anatomie de la Tête de l'homme, par de la Charriere. *Par.* 1703. *in* 12.

419 Tableau de l'amour conjugal, par Venette. *Par.* 1732. 2 *v. in* 12.

420

410 Procès de M. de Gefvres. *Rouen*, 1713. 2 *v.*
in 12.

421 Traité de la Cataracte, par Brisseau. *Paris*,
1709. *in* 12.

422 Histoire des Drogues, par Pierre Pomet. *Par.*
1694. *in fol.*

423 Codex Medicamentarius Parif. *Lutet.* 1732.
in 4.

424 La Médecine abrégée en faveur des Pauvres,
par Dubé. *Par.* 1692. *in* 12.

425 Secrets d'Alexis Piemontois, trad. *Anvers*,
1557. *in* 4.

426 Recueil des Remedes de Mad. Fouquet. *Par.*
1726. 2 *v. in* 12.

427 Le Manuel des Dames de Charité. *Par.* 1747.
in 12.

428 Recueil de fecrets & curiofités, par d'Emery.
Amft. 1709. 2. *v. in* 12.

429 Cours de Chymie, par Nic. l'Emery. *Paris*,
1730. *in* 8.

430 Traité de la Chymie, par le Fevre. *Paris*,
1674. 2 *vol. in* 12.

431 Traité de la Thériaque, par de Juffieu. *Tré-*
voux, 1708. *in* 12.

432 Pet. Maria Caneparius de Atramentis. *Lond.*
1660. *in* 4.

433 Œuvres de Jean Belot. *Liege*, 1704. *in* 12.

434 Hiftoire de la Philofophie Hermétique, par
Lenglet du Frefnoy. *Par.* 1742. 3 *vol. in* 12.

435 Les Secrets de la Philofophie des Anciens, dé-
couverts par Croffet de la Heaumerie. *Paris*,
1722. *in* 12.

436 Secrets du Grand & Petit Albert. 1729. 2 *v.*
in 12.

437 Le Comte de Gabalis, les Génies affiftans,
le Gnome, par de Villars. *Par.* 1670. *La Haye*,
1718. 2 *vol. in* 12.   D

438 Liaſſe de Pieces ſur la Conteſtation des Médecins & des Chirurgiens.

MATHÉMATIQUES, &c.

439 Récréations Mathématiques, par Ozanam. *Par.* 1694. 2 *vol. in* 8.

440 Œuvres de Mariotte. *La Haye*, 1740. 2 *vol. in* 4.

441 Recherches de Mathématique & de Phyſique, par Parent. *Par.* 1705. 2 *v. in* 12.

442 Elémens des Mathématiques, par Lamy. *Par.* 1715. *in* 12.

443 Iſaaci Newtoni Opuſcula Mathematica, Philoſoph. & Philol. ex verſ. & recenſ. Joh. Caſtillionei. *Lauſannæ.* 1744. 3 *vol. in* 4.

444 Cours de Mathématique, par Camus. *Paris*, 1749. 4 *vol. in* 8.

445 Dictionnaire Mathématique, par Ozanam. *Par.* 1691. *in* 4.

446 Dictionnaire de Mathématique & de Phyſique, par Saverien. *Par.* 1753. 2 *v. in* 4.

447 L'Arithmétique en ſa perfection, par le Gendre. *Bordeaux*, 1700. *in* 8.

448 l'Arithmétique de Barreme. *Par.* 1716. *in* 12.

449 La même. *Par.* 1736. *in* 12.

450 Le Livre Néceſſaire de Fr. Barreme. *Paris*, 1708. *in* 12.

451 Comptes Faits. *Nancy.* 1715. *in* 18.

452 Algebre de Viete. *Par.* 1636. *in* 8.

453 Application de l'Algebre à la Géométrie, par Guiſnée. *Par.* 1733. *in* 4.

454 Elémens d'Algebre, par Clairaut. *Par.* 1746. *in* 8.

455 Euclidis Opera. *Par.* 1516. *in fol.*

456 Elémens d'Euclide, par de Challes. *Paris*, 1683. *in* 12.

457 Les mêmes. *Par.* 1738. *in* 12.

458 Elémens de Géométrie, par le P. Bern. Lamy.
  Par. 1695. *in* 12.

459 Les mêmes. *Par.* 1731. *in* 12.

460 Elémens d'Euclide, par Ozanam. *Par.* 1711.
  in 8.

461 Géométrie Pratique, par Ozanam. *Par.* 1689.
  in 12.

462 Géométrie Pratique, & abrégé de Méchanique,
  par Sauveur. *Mff.* 3 *v. in* 4.

463 Elémens de Géométrie, par de Malezieu. *Par.*
  1729. *in* 8.

464 Elémens de Géométrie, par Clairaut. *Paris*,
  1741. *in* 8.

465 Géométrie *Mff. in* 8.

466 Pratique de la Géométrie, par le Clerc. *Paris*,
  1682. *in* 12.

467 Analyse des infiniment Petits, par M. de
  l'Hôpital. *Paris*, 1715. *in* 4.

468 Traité ou Méthode des Fluxions, &c. par
  Newton (en Angl.) *Lond.* 1737. *in* 8.

469 La même, trad. par M. de Buffon. *Par.* 1740.
  in 4.

470 Miscellanea analytica de seriebus & quadra-
  turis. *Lond.* 1730. *in* 4.

471 Analyse des infiniment Petits, par Stone,
  trad. par Rondet. *Paris*, 1735. *in* 4.

472 Commentaire sur l'Analyse des infiniment Pe-
  tits, par Crouzas. *Par.* 1721. *in* 4.

473 Traité analytique des Sections coniques, &c.
  par M. de l'Hôpital. *Par.* 1720 *in* 4.

474 Fr. Van Schooten Tabulæ Sinuum, Tangentium,
  Secantium. *Amst.* 1627 *in* 16.

475 Table des Sinus, par Ozanam. *Par.* 1685.
  in 8.

476 Usage du Compas de proportion, par Oza-

nam. *Par.* 1701. = Canale de Provence, par Floquet. *Paris*, 1750. = Effai fur la Marine & fur le Commerce. 1743. *in* 8.

477 Méthode pour arpenter, par Ozanam. *Par.* 1699. *in* 12.

478 Géométrie fervant à l'Arpentage, par Barreme. *Paris*, 1673. *in* 12.

479 L'Ecole des Arpenteurs. *Par.* 1727. *in* 12.

480 Elémens d'Aftronomie avec les Tables, par M. Caffini. *Par.* 1740. 2 *vol. in* 4.

481 Tables Aftronomiques, par M. de la Hire. *Par.* 1735. *in* 4.

482 Elemens d'Aftronomie, par de Maupertuis. *Par.* 1743. *in* 8.

483 Inftitutions Aftronomiques, trad. des Leçons d'Aftronomie de Keil. *Par.* 1746. *in* 4.

484 La Découverte des Longitudes, par de la Drevetiere. *Par.* 1740. *in* 12. *m. r.*

485 Entretiens fur la pluralité des Mondes, par de Fontenelle. *Par.* 1724. *in* 12.

486 Calendrier perpetuel, par M. Sauveur. *Par.* 1735. *in fol.*

487 Dégré du Méridien, entre Paris & Amiens, par MM. Picard, de Maupertuis, &c. *Paris*, 1740. *in* 8.

488 La Géographie & Cofmographie, par Ozanam. *Paris*, 1711. *in* 8.

489 Tabulæ æquinoctiales novi Perfarum & Turcarum anni, è Biblioth. Georg. Hier. Velfchii. *Aug. Vindel.* 1676. *in* 4.

490 Elémens de Géographie, par de Maupertuis. *Par.* 1742. *in* 8.

491 La Figure de la Terre, déterminée par les Obferv. de MM. de Maupertuis, Clairaut, Camus, &c. *Par.* 1738. *in* 8.

492 Examen des Ouvrages faits pour déterminer

la Figure de la Terre. *Amst.* 1741. *in* 8.

493 Rélation d'un Voïage fait dans l'intérieur de l'Amérique Méridionale , par M. de la Condamine. *Par.* 1745. *in* 8.

494 Journal du Voïage fait à l'Equateur , par M. de la Condamine. *Par.* 1751. *in* 8.

495 Supplément au Journal précédent, avec la Lettre de M. Bouguer , *Par.* 1754. 3 *vol. in* 4.

496 Discours sur les différentes Figures des Astres , par Maupertuis , *Paris*, 1742. *in* 8.

497 Discours sur la Parallaxe de la Lune, par le même , *Par.* 1741. *in* 8.

498 Lettres du même , *Paris*, 1753. *in* 12.

499 Essai de Philosophie Morale , par le même , *Par.* 1751. ═ Lettre sur le progrès des Sciences , par le même , 1752. ═ Lucina fine concubitu. 1750. *in* 12.

500 Diatribe du D. Akakia. *Paris*, 1753. *in* 12.

501 La Théorie des Planetes , du Comte de Pagan. *Par.* 1657. *in* 4.

502 Lettre sur la Comete, par de Maupertuis. *Par.* 1742. *in* 12.

503 Traité de la Comete , qui a paru en Décemb. 1743 & Janv. Fév. Mars 1744 , avec les observ. de MM. Cassini, Calandrini , par J. B. Louis de Cheseaux. *Lauf.* 1744. *in* 8.

504 Traité d'Horlogiographie , par le P. Pierre de Sainte Marie Magdelaine *Par.* 1680. *in* 12.

505 Le même. *Paris*, 1701. *in* 12.

506 Traité des Horloges , par D. Jacq. Alexandre. *Par.* 1734. *in* 8.

507 Traité d'Horlogerie , par Derham , trad. *Paris*, 1731. *in* 12.

508 Description d'une Horloge , par Sully. *Paris*, 1726. *in* 4.

509 Regle Artificielle du Tems, par Sully. *Par.* 1717. *in* 8.   D iij

510 La même augmentée, par Julien le Roy. *Par.* 1737. *in* 12.

511 Traité de l'Horlogerie, par Thiout. *Par.* 1741. 2 *v. in* 4.

512 Traité d'Horlogerie, par J. A. le Paute. *Par.* 1755. *in* 4.

513 Hydrographie du P. Fournier. *Paris,* 1643. *in fol.*

514 Traité de la Fabrique, de la Manœuvre pour les Vaisseaux, où l'Art de la Corderie, par M. du Hamel du Monceau. *Par.* 1747. [*in* 4.

515 Instruction des Pilotes, par le Cordier. *Au Havre, in* 8.

516 Dictionnaire des termes de Marine, par Desroches. *Par.* 1687. *in* 8.

517 J. B. Morini Astrologia Gallica. *Hag. Com.* 1661. *in fol.*

518 Traité d'Optique, par Newton trad. par Coste. *Amst.* 1720. 2 *vol. in* 12.

519 Le même. *Par.* 1722. *in* 4.

520 Essai d'Optique sur la Gradation de la Lumiere, par Bouguer. *Par.* 1729. *in* 8.

521 Système complet d'Optique, par Rob. Smith. (en Anglois) *Cambrige.* 1738. *in* 4.

522 Dioptrica Pratica del Carlo Ant. Manzini. *in Bolog.* 1660. *in* 4.

523 La Dioptrique oculaire, par le P. Cherubin. *Par.* 1661. *in fol.*

524 La même. *Paris,* 1671. *in fol.*

525 Histoire de la Musique, par Bonnet. *Paris,* 1715. *in* 12.

526 Dialogue sur la Musique des Anciens, par de Châteauneuf. *Paris,* 1725. *in* 12.

527 Musique théorique & pratique, par Rameau. *Par.* 1722. *in* 4.

528 Iphise, le Momen: perdu, Bacchus vaincu

par l'Amour, Cantatilles. *in fol.*

529 Brunettes, par de Monteclair. *Par. in* 4.

530 Statique ou Science des forces mouvantes, par Pardies. *Paris*, 1673. *in* 12.

531 Raisons des forces mouvantes, par Sal. de Caus. *Francf.* 1615. *in fol.*

532 Traité pour la pratique des forces mouvantes, par Gobert. *Par.* 1702. *in* 4.

533 Traité des forces mouvantes, pour la pratique des Arts & Métiers, par de Camus. *Par.* 1722. *in* 8.

534 Differtation fur l'eftimation & la mefure des forces motrices des Corps, par de Mairan. *Par.* 1741. *in* 12.

535 Traité du mouvement des Eaux & des autres Corps fluides, par Mariotte, donné par de la Hire. *Par.* 1718. *in* 12.

536 La Science des Eaux, par le P. Jean François. *Rennes.* 1653. *in* 4.

537 L'Art des Fontaines, par le même. *Rennes.* 1665. *in* 4.

538 Elévation des Eaux par toutes fortes de machines, &c. par le Chev. Morland. *Par.* 1665. *in* 4.

539 Elémens de Méchanique & de Phyfique, par Parent. *Par.* 1700. *in* 12.

540 La Méchanique & la Perfpective, par Ozanam. *Par.* 1693. *in* 8.

541 Quefiti ed Inventioni diverfe de Nic. Tartaglia. *In Venet.* 1554. *in* 4.

542 Liaffe de Pieces fur les Méchaniques. *in* 4.

543 Deffeins artificiaux de toutes fortes de moulins à vent, à l'eau, &c. par Jacq. de Strada. *Francfort.* 1617. 2 *vol. in fol.*

544 Effai hift. fur les Lanternes. *Dole.* 1755. *in* 12.

545 Ufage de l'Inftrument univerfel, par Oza-
nam. *Par.* 1700. *in* 12.

546 Traité de la conftruction & des ufages des
Inftrumens de Mathématiques, par Bion. *Paris*,
1725. *in* 4.

547 Ufage des Aftrolabes, par Bion. *Par.* 1702.
in 12.

548 Mémoire fur la maniere d'obferver fur Mer
la déclinaifon de l'aiguille aimantée, &c. par
Meynier. *Par.* 1732. *in* 4.

549 L'Ufage des Globes par Bion. *Paris*, 1699.
in 12.

550 Le même. *Paris*, 1703. *in* 12.

551 Rem. & Expériences phyf. fur une nouv.
Clepfydre, &c. par Amontons. *Paris*, 1695.
in 12.

552 Traité des Inftrumens propres à obferver les
Aftres fur mer, par Saverien. *Par.* 1752. *in* 12.

553 Traité du Microfcope, par Henri Baker. (en
Angl.) *Lond.* 1743. *in* 8.

554 Nouv. Obfervations Microfcopiques, par
Needham, trad. *Par.* 1750. *in* 12.

555 Defcription du Cabinet de M. de Serviere.
Lyon. 1719. *in* 4.

LES ARTS, &c.

556 Polygraphie de Tritheme, trad. par de Col-
lange. *Par.* 1571. *in* 4.

557 Nouv. Méthode pour apprendre à deffiner fans
Maître. *Par.* 1740. *in* 4. *fig.*

558 Elémens de la Peinture pratique, par J. B.
Corneille. *Paris*, 1684. *in* 12.

559 Cours de Peinture, par de Piles. *Par.* 1708.
in 12.

560 La Peinture, Poème, par de Marfy, trad. *in* 12.

561 Réflexions sur l'état présent de la Peinture en France. 1747. ⸺ Lettre sur l'Exposition des Tableaux. 1747. *in* 12.

562 Ecole de la Mignature. *Lyon.* 1679. *in* 12.

563 Traité des manieres de graver en Taille-douce, sur l'airain, &c. par Ant. Bosse. *Par.* 1645. *in* 8.

564 Entretiens sur les vies des Peintres, par Felibien. *Trévoux.* 1725. 6 *vol. in* 12.

565 Abrégé de la Vie des Peintres, par de Piles. *Par.* 1715. *in* 12.

566 Vie des Peintres Flamands, Allemands, & Hollandois. &c. par Descamps. *Par.* 1753. *in* 8.

567 Abrégé de la Vie des plus fameux Peintres, par Dezalliers. 1745. 2 *vol. in* 4.

568 Descrizione di Pitture di Venezia. 1733. *in* 8.

569 Sacræ Historiæ Acta à Raphaele Urbinate in vaticanis xystis espressa, *Par. Mariette.* 1649. *in fol.*

570 Description des Tableaux du Palais Roïal, par du Bois de S. Gelais. *Par.* 1727. *in* 12.

571 Vues des belles Maisons de France, par Perelle. *in* 4. *obl.*

572 Figures de Paysages. *in* 4.

573 Figures des Amours de Psiché, par Ant. Sal. *in* 4. *obl.*

574 Traité des Statues, par Leméé. *Paris,* 1688. *in* 12. *m. r.*

575 Principes d'Architecture, &c. par Felibien. *Amst.* 1699. *in* 4.

576 Architecture de Vitruve, trad. par Perrault. *Par.* 1684. *in fol.*

577 Traité des cinq ordres d'Architecture, par Palladio, trad. par le Muet. *Par.* 1645. *in* 4.

578 Architecture de Vignole. *Par. in fol.*

579 Architecture de du Cerceau. *Paris,* 1611. 2 *in fol.*

E

580 Bâtiments de du Cerceau. *Paris,* 1576. *in fol.*

581 Œuvres de Marot. *in fol.*

582 Cours d'Architecture, par Daviler. *Par.* 1691. 2 *vol. in* 4.

583 l'Architecture pratique, par Bullet. *Par.* 1722. *in* 8.

584 Architecture moderne. *Paris,* 1728. 2 *vol. in* 4.

585 Essai sur l'Architecture, par le P. Laugier. *Par.* 1753. *in* 12.

586 Cabinet d'Architecture, par le Comte. *Paris,* 1699. *in* 12.

587 Architecture militaire, par Fritach. *Leide,* 1635. *in fol.*

588 Fortifications d'Ant. de Ville. *Lyon,* 1628. *in fol.*

589 Les Fortifications du Comte de Pagan. *Paris,* 1645. *in fol.*

590 Traité des Fortifications, par M. de Vauban. 2 *vol. in fol. Mss.*

591 Introduction à la Fortification, par de Fer. *in* 4.

592 N. Méthode de fortifier les grandes Villes, par de la Jonchere. *Par.* 1718. *in* 12. *m. r.*

593 Pieces Mss. sur les Fortifications, &c. *in* 4.

594 Principes de Géométrie militaire, par de Beauplan. *Rouen,* 1662. *in* 12.

595 Polyæni Stratagemata, ex vers. Justi Vulteii. *Basil.* 1549. *in* 8.

596 Fl. Vegetii & Frontini de re militari Opera. *Lugd. Bat.* 1633. *in* 12.

597 S. Julius Frontinus, cum notis Var. edente Rob. Keuchenio. *Amst.* 1641. *in* 8.

598 Leonis Imp. Tactica, sive de re militari, edente Jo. Meursio. *Lugd. Bat.* 1612. *in* 4.

599 Le Maréchal de Bataille, par de Lostelneau. *Par.* 1647. *in fol.*

600 Les Travaux de Mars, par Allain-Manesson Mallet. *Par.* 1685. 3 *v. in* 8.

601 Principes de l'Art Militaire, par J. de Billon. *Lyon*, 1637. *in* 8.

602 Mémoires de Montecuculi, trad. par Adam. *Par.* 1722. *in* 12.

603 Le Nouvel Art de la Guerre, par de Gaya. *Paris*, 1692. *in* 12.

604 Traité des armes & des machines de Guerre, par de Gaya. *Par.* 1678. *in* 12.

605 l'Ecole de Mars, par de Guignard. *Par.* 1725. 2 *vol. in* 4.

606 Art de la Guerre, par M. de Puyfegur. *Paris*, 1748. *in fol.*

607 Mémoires sur la Guerre, par M. de Feuquieres. *Par.* 1735. 3 *vol. in* 12.

608 Les mêmes. *Par.* 1736. 4 *vol. in* 12.

609 Mémoires sur la Guerre. *Amst.* 1731. *in* 12.

610 Nouv. Découvertes sur la Guerre, par de Folard. *Par.* 1726. *in* 12.

611 Réflexions militair. & polit. par Santa Cruz, trad. *Par.* 1735. 2 *vol. in* 12.

612 Traité des Lég. par M. de Saxe. *Par.* 1753. *in* 12.

613 Le Parfait Capitaine, par le Duc de Rohan. *Par.* 1658. *in* 12.

614 N. Systême sur la Maniere de défendre les Places, par le moïen des contre-mines. *Paris*, 1731. *in* 12.

615 Mémoires sur le Service journalier de l'Infanterie, par de Bombelles. *Par.* 1719. 2 *v.* 12.

616 Traité de Cavalerie. *Mf. in* 4.

617 Code militaire, par de Briquet. *Par.* 1728. 3 *vol. in* 12.

618 La Méchanique du Feu, par Gauger. *Amst.* 1714. *in* 12.

619 Essai sur les Feux d'artifice, par Perri-

net d'Orval. *Paris*, 1745. *in* 8.

620 Traité de l'Art métallique, extrait des Œuvres de Barba. *Par.* 1730. *in* 12.

621 De l'Art de la Verrerie, par Haudicquer de Blancourt. *Par.* 1697. *in* 12.

622 Traité des Monnoies, par Jean Boizard. *Par.* 1692. *in* 12.

623 Le Parfait Maréchal, par de Solleyfel. *Paris*, 1718. *in* 4.

624 La Connoiffance des Chevaux. *Paris*, 1730. *in* 8.

625 La Vénerie Roïale, par Robert de Salnove. *Paris*, 1665. *in* 4.

BELLES-LETTRES.

GRAMMAIRES, RHETHORIQUE, &c.

626 Traité des Etudes, par Rollin. *Par.* 1728. 4 *vol. in* 12.

627 Le même. *Par.* 1736. 4 *vol. in* 12.

628 Thréfor de l'hiftoire des Langues, par Cl. Duret. *Genéve*, 1613. *in* 4.

629 Projet pour perfectionner l'Orthographe des Langues d'Europe, par l'Abbé de S. Pierre. *Par.* 1730. *in* 8.

630 Recherches fur la diverfité des Langues & Religions, par Brerewood, trad. *Paris*, 1662. *in* 8.

631 Grammaire génér. & raifonnée, par Ant. Arnauld. *Par.* 1664. *in* 12.

632 Méthode de la langue grecque, par Lancelot. *Par.* 1656. *in* 8.

633 Jardin des Racines grécques, par Lancelot. *Par.* 1701. *in* 12.

634 Corn. Schrevelii Lexicon græco-latinum. *Amst.* 1685. *in* 8.

635 Méthode de la langue latine, par Lancelot. *Par.* 1662. *in* 8.

636 La même *Par.* 1696. *in* 8.

637 La même. *Par.* 1709. *in* 8.

638 Rob. Stephani Thesaurus linguæ latinæ. *Lond.* 1734. 4 *vol. in fol.*

639 Amb. Calepini Dictionarium. *Lugd. Bat.* 2 *tom.* 1 *vol. in* 4.

640 Jos. Laurentii Polymathia. *Lugd.* 1666. *in fol.*

641 J. Boudot Dictionnarium. *in* 8.

642 Car. du Fresne, Dom. du Cange Glossarium ad Scriptores mediæ latinitatis. *Par.* 1733. 6 *vol. in fol.*

643 Remarques sur la langue françoise, par Vaugelas. *Par.* 1647. *in* 4.

644 Trésor de Recherches, & Antiquités gauloises & françoises, par Pierre Borel. *Par.* 1655. *in* 4.

645 Dictionnaire Etymologique, par Menage. *Par.* 1694. *in fol.*

646 Dictionnaire universel, par Ant. Furetiere, augmenté par Basnage. *La Haye*, 1701. 3 *vol. in fol.*

647 Le même avec des augmentations. *Trévoux.* 1732. 5 *vol. in fol.*

648 Dictionnaire néologique, par Desfontaines. *Amst.* 1528. *in* 12.

649 Guidon de la langue italienne, par Duez. *Amst.* 1670. *in* 8.

650 Grammaire italienne, par Antonini. *Paris*, 1746. *in* 12.

651 Grammaire angloise, par Mauger. *Rouen*, 1722. *in* 12.

E iij

652 Grammaire angl. & fran. par Miege. *Rot-*
terd. 1728. *in* 12.

653 Guide de la langue angloife, par Th. Dyche.
Lond. 1741. *in* 12.

654 Dictionnaire angl. & fr. par Miege. *La Haye,*
1703. 2 *vol. in* 8.

655 Dictionnaire anglois & françois de Boyer.
La Haye, 1702. 2 *vol. in* 4.

656 Quintilien de l'Inftitution de l'Orateur, trad.
par Gedoyn. *Par.* 1718. *in* 4.

657 Rhetorices in XIV Tabulas ære incifas dif-
tributa, ftudio L. Richer. *Paris,* 1671. *in fol.*
m. r.

658 Effai des merveilles de nature, par René
François. *Par.* 1657. *in* 8.

659 Philippiques de Demofthene, trad. avec des
rem. par Tourreil. *Par.* 1701. *in* 4.

660 Philippiques de Demofthene : Catilinaires
de Ciceron, trad. par d'Olivet. *Par.* 1736.
in 12.

661 Ciceronis Opera. *Lugd. Bat. Elz.* 1642. 11
vol. in 12. *m. bl.*

662 Eadem. *Amft.* 1661. 2. *vol. in* 4.

663 Lettres de Ciceron à Atticus, trad. par S.
Real. *Par.* 1702. 2 *vol. in* 12.

664 Les mêmes, trad. par Mongault. *Par.* 1738.
6. *vol. in* 12.

665 Lettres familieres de Ciceron, trad. par M.
Prévôt. *Par.* 1745. 3 *vol. in* 12.

666 Entretiens de Ciceron fur la nature des
Dieux, , trad. par d'Olivet. *Par.* 1732. 2. *vol.*
in 12.

667 Tufculanes de Ciceron, trad. par MM. Bouhier
& d'Olivet. *Par.* 1737. 3 *vol. in* 12.

668 Offices de Ciceron, trad. par Dubois. *Par.*
1692. *in* 8.

669 Penſées de Ciceron, trad. par d'Olivet. *Par.* 1744. *in* 12.

670 Œuvres de Sacy, (trad. de Pline, Traité de l'Amitié.) *Par.* 1622. *in* 4.

671 Panégyrique de Trajan, par Pline, trad. par Eſprit. *Par.* 1677. *in* 12.

672 Oraiſons funébres, par Jacq. Benigne Boſſuet. *Par.* 1731. *in* 12.

673 Oraiſons funébres, par Eſprit Flechier. *Par.* 1716. *in* 12.

674 Œuvres poſthumes de Flechier. *Par.* 1712. 1716. 2 *vol. in* 12.

675 Oraiſons funébres, par Jules Maſcaron. *Par.* 1704. *in* 12.

676 Recueil des Harangues de l'Académie fran-çoiſe. *Par.* 1714. 3 *vol. in* 12.

P O E T I Q U E.

677 Henr. Smetii Proſodia. *Rothom.* 1655. *in* 8.

678 Iliade d'Homere, trad. en vers par Hugues Salel. *Rouen,* 1605. 2 *vol. in* 12.

679 Iliade & Odyſſée d'Homere, trad. par Mad. Da-cier. *Par.* 1711. 6 *vol. in* 12.

680 Les mêmes. *Par.* 1719. 6 *vol. in* 12.

681 Les mêmes, trad. en anglois par Pope. *Lond.* 1732. 11 *vol. in* 12.

682 Heſiodi Opera gr. lat. *Baſil.* 1544. *in* 8.

683 Anacreontis Odæ gr. lat. ex verſ. Henr. Ste-phani. *Lut. Idem.* 1554. *in* 8.

684 Œuvres d'Anacréon & de Sapho, trad. par de Longepierre. *Amſt.* 1692. *in* 12.

685 Les mêmes trad. par Mad. Dacier. *Lyon,* 1696. *in* 12.

686 Les mêmes, trad. par de la Foſſe. *Par.* 1704. *in* 12.

687 L'Œdipe & l'Electre de Sophocle , trad. par
　　Mad. Dacier. *Par.* 1692. *in* 12.

688 Le Plutus & les Nuées d'Aristophane , trad. par
　　Mad. Dacier. *Par.* 1684. *in* 12.

689 Callimachi Opera gr. lat. *Henr. Stephanus ,*
　　1577. *in* 4.

690 Théatre des Grecs , par le P. Brumoy. *Par.*
　　1730. 3. *vol. in* 4.

691 M. Accii Plauti Comœdiæ. *Lugd.* 1589. *in* 24.

692 Eædem. *Amst.* 1652. *in* 16. *m. r.*

693 Eædem cum notis variorum , ex recenf. Jo.
　　Fred. Gronovii. *Lugd. Bat.* 1669. 2 *vol. in* 8.

694 Comédies (3) de Plaute, trad. par Mad. Dacier.
　　Par. 1683. 3 *vol. in* 12.

695 Les mêmes. *Amst.* 1691. 3 *vol. in* 12.

696 Les mêmes , trad. par Gueudeville. *Leide ,*
　　1719. 10 *vol. in* 12.

697 Terentii Comœdiæ. *Par.* 1529. *in fol. m. cit.*

698 Comédies de Terence trad. par Mad. Dacier.
　　Par. 1688. 3 *vol. in* 12.

699 Les mêmes. *Amst.* 1724. 3 *vol. in* 12.

700 Catullus , Tibullus, Propertius. *Raphelen-*
　　gius , 1603. *in* 16. *m. v.*

701 Iidem. *Amst.* 1626. *in* 24.

702 Iidem. *Par.* 1743. *in* 12. *m. r.*

703 Amours de Catulle & de Tibulle , par M. de
　　la Chapelle. *Par.* 1725 , 1732. 5 *vol. in* 12.

704 La Vie & les Amours de Tibulle, par Gillet de
　　Moyvre. *Par.* 1743. *in* 12.

705 Lucretius. *Lugd.* 1548. *in* 12.

706 Idem. *Amst.* 1631. *in* 24.

707 Idem. *Par.* 1747. *in* 12. *m. r.*

708 Lucrece , trad. avec des remarq. par des Cou-
　　tures. *Par.* 1708. 2 *vol. in* 12.

709 P. Virgilii Opera cum notis recentiorum.
　　Amst. 1646. *in* 4.

710

710 Eadem. *Amst.* 1714. *in* 12.

711 Eadem. *Par.* 1745. 3 *vol. in* 12. *m. r.*

712 Œuvres de Virgile, trad. par le P. Catrou. *Par.* 1716. 6 *vol. in* 12.

713 L'Enéide de Virgile, trad. en vers par Perrin. *Par.* 1664. 2 *vol. in* 12.

714 Horatius. *Sedani*, 1627. *in* 24. *m. r.*

715 Idem. *Amst.* 1653. *in* 24.

716 Idem cum notis Joan. Bond. *Lugd. Bat.* 1653. *in* 8.

717 Idem. *Amst. Elzev.* 1675. *in* 12. *m. r.*

718 Idem. *Par.* 1746. *in* 12. *m. r.*

719 Œuvres d'Horace lat. & franc. trad. par Dacier. *Amst.* 1727. 10 *vol. in* 12.

720 Les mêmes, trad. par le P. Tarteron. *Par.* 1713. 2 *vol. in* 12.

721 Amours d'Horace par de Solignac. *Amst.* 1728. *in* 12.

722 Métamorphoses d'Ovide, trad. par N. Renouard, avec fig. *Par.* 1622. *in fol.*

723 Traduction des Epîtres d'Ovide en vers françois. *Rouen*, 1676. *in* 12.

724 Nouv. Traduction des Epîtres d'Ovide en vers françois. 1736. *in* 12.

725 Phædrus. *Par.* 1748. *in* 12. *m. r.*

726 Fables de Phedre, trad. par Denise. *Par.* 1708. *in* 12.

727 Le Festin nuptial dressé dans l'Arabie heureuse au mariage d'Esope, de Phedre & de Pilpay, par de Palaidor. *à Pirou.* 1700. *in* 12.

728 L. An. Senecæ Tragœdiæ. *Amst.* 1624. *in* 24.

729 Eædem cum notis variorum, ex recens. J. Fr. Gronovii. *Amst.* 1662. *in* 8.

730 Trad. de la Troade de Seneque en vers françois. *Par.* 1674. *in* 12.

731 M. Annæus Lucanus, de Bello civili cum notis

var. accur. Corn. Schrevelio. *Amft.* 1658. *in* 8.

732 Idem cum notis var. *Lugd.* 1670. *in* 12.

733 Pharfale de Lucain, trad. par Brebeuf. *Rouen,* 1663. *in* 12.

734 D. Junii Juvenalis & A. Perfii Satyræ cum notis var. *Lugd. Bat.* 1648. *in* 8.

735 Eadem. *Par.* 1747. *in* 12. *m. r.*

736 M. Val. Martialis Epigrammata cum notis variorum. *Lugd. Bat.* 1661. *in* 8.

737 Eadem. *Amft.* 1664. *in* 16. *m. r.*

738 Aufonius. *Amft.* 1629. *in* 16. *m. r.*

739 Idem, ex recenf. Jac. Tollii. *Amft.* 1671. *in* 8.

740 Claudianus. *Amft.* 1650. *in* 16. *m. r.*

741 Idem cum var. notis, ex recenf. Nic. Heinfii. *Amft.* 1665. *in* 8.

742 Prudentius, *Amft.* 1631. *in* 24.

743 Pervigilium Veneris cum notis variorum. *Hag. com.* 1712. *in* 8.

744 Les Œuvres de Plaute, Terence, Virgile, Ovide, Horace, Seneque, Lucrece, Properce, Juvenal, Perfe, Catulle, Tibulle, Martial, Stace, Lucain, lat. & fr. trad. par Marolles. *Paris,* 1658 & *fuiv.* 31 *vol. in* 8.

745 M. Ant. Mureti Juvenilia. *Par.* 1553. *in* 8.

746 Jo. Bonefonii Pancharis. 1610. *in* 12.

747 Joan. Commirii Carmina. *Par.* 1689. *in* 12. *m. r.*

748 Œuvres de Santeuil, trad. par de la Martelliere. *Par.* 1698. *in* 12.

749 Hiftoire du différend de Santeuil avec les Jéfuites. *in* 12.

750 Car. de la Rue Idyllia. *Par.* 1672. *in* 12.

751 Melchioris Card. de Polignac Anti-Lucretius. *Par.* 1647. 2 *vol. in* 8.

752 Carmina varia. *in* 12.

753 Histoire de la Poéfie Françoife, par Maffieu. *Par.* 1739. *in* 12.

754 Regles de la Poéfie Françoife, par de Chalons. *Par.* 1716. *in* 12.

755 Poétique Françoife à l'ufage des Dames. *Par.* 1749. 2 *vol. in* 12.

756 Dictionnaire de Rimes, par Richelet. *Par.* 1702. *in* 12.

757 Le même. *Par.* 1721. *in* 8.

758 Traité du Poème épique, par le P. le Boffu. *Par.* 1708. *in* 12.

759 Réflexions crit. fur la Poéfie & fut la Peinture, par J. B. Dubos. *Par.* 1733. 3 *vol. in* 12.

760 La Bibliotheque des Poètes lat. & fr. *Par.* 1731. *in* 12.

761 Roman de la Rofe, par Guill. de Lorris & Jean de Meun, avec des notes par Lenglet. *Par.* 1735. 3 *vol. in* 12.

762 Les Lunettes des Princes, par Jehan Mefchinot. *Par.* 1499. *in* 4.

763 Les Poéfies de Martial de Paris, Coquillart, Faifeu, Villon, Marot & Cretin. *Par.* 1724. 7 *vol. in* 12.

764 Œuvres de Clement Marot. *Par.* 1553. 2 *vol. in* 12.

765 Les mêmes. *La Haye*, 1702. 2 *vol. in* 12.

766 Œuvres poétiques de Mellin de S. Gelais. *Par.* 1656. *in* 12.

767 Centuries de Noftradamus. *Amft.* 1667. *in* 12.

768 Œuvres de Joachim du Bellay. *Rouen*, 1592. 2 *vol. in* 12.

769 Œuvres poétiques d'Etienne Jodelle. *Par.* 1583. *in* 12.

770 Œuvres poétiques de Belleau. *Par.* 1585. 2 *vol. in* 12.

771 Rimes de Jan. Ant. de Baif. *Par.* 1573. 2 *vol. in* 8.

772 Œuvres de Phil. des Portes. *Rouen*, 1600. *in* 12.

773 Œuvres poétiques de Bertaut. *Par.* 1620. *in* 8.

774 Œuvres de Regnier. *Par.* 1730. *in* 8.

775 Les mêmes avec des remarques. *Par.* 1730. *in* 8.

776 Poësies de la Bergerie. *Par.* 1594. *in* 12.

777 La Jeunesse d'Est. Pasquier. *Par.* 1610. *in* 8.

778 Jeux poétiques du même. *Par.* 1610. *in* 8.

779 La Sireine de M. d'Urfé. *Par.* 1618. *in* 8.

780 Marguerites de la Marguerite. *Lyon*, 1547. *in* 8.

781 Les Muses françoises, par Despinelle. *Lyon*, 1609. 2 *vol. in* 12.

782 Œuvres de Théophile (Viaud.) *Par.* 1662. *in* 12.

783 Œuvres poëtiques du sieur du Pin Pager. *Par.* 1629. *in* 8.

784 Œuvres de Malherbe. *Par.* 1642. *in* 16.

785 Vers héroïques de Tristan l'Hermite. *Par.* 1648. *in* 4.

786 Poésies du même. *Par.* 1662. *in* 4.

787 Les mêmes. *Par.* 1662. *in* 12.

788 Œuvres de S. Amant. *Par.* 1642. *in* 4.

789 Moyse sauvé par S. Amant. *Par.* 1653. *in* 4.

790 Œuvres de Racan. *Par.* 1724. 2 *vol. in* 12.

791 Œuvres poëtiques de Boisrobert Metel. *Par.* 1659. *in* 8.

792 Poésies de Scudery. *Par.* 1649. *in* 4.

793 Chevilles d'Adam (Billaut.) *Par.* 1644. *in* 4.

794 Villebrequin du même. *Par.* 1663. *in* 12.

795 Clovis, Poëme, par J. Desmarets. *Par.* 1673. *in* 8.

796 Poésies de Brebeuf. *Par.* 1662. *in* 12.

797 Poésies d'Ant. Godeau. *Par.* 1667. 3 *vol. in* 12.

798 Œuvres chrét. d'Arnauld d'Andilly. *Par.* 1645. *in* 12.

799 Poésies de la Mesnardiere. *Par.* 1656. *in fol.*

800 Amours & Poésies de Pinchesne. *Par.* 1674. *in* 4.

801 La Pucelle, Poëme, par Chapelain. *Par.* 1656. *in fol.*

802 La même. *Par.* 1656. *in* 12.

803 Œuvres du Préf. Nicole. *Par.* 1663. *in* 12.

804 Les mêmes. *Par.* 1705. 2 *vol. in* 12.

805 Poésies chrétiennes par l'Abbé Gouſſault. *MS. in* 4.

806 Œuvres de la Fontaine. *Par.* 1729. 3 *vol. in* 8.

807 Œuvres poſthumes du même. *Par.* 1696. *in* 12.

808 Fables de la Fontaine avec fig. *La Haye,* 1700. 5 *tom.* 2 *vol. in* 8.

809 Œuvres de Boileau. *Par.* 1694. 2 *vol. in* 12.

810 Les mêmes. *Amſt.* 1707. 2 *vol. in* 12.

811 Œuvres de Boileau & de Sanlecque. *Geneve,* 1732. *in* 12.

812 Œuvres de Boileau. *Par.* 1740. 2 *vol. in* 4. *fig.*

813 Remarq. ſur les Ouvrages de Boileau. 1685. *in* 12.

814 Œuvres de Pavillon. *Par.* 1720. *in* 12.

815 Poésies de Mad. Deshoulieres. *Par.* 1725. 2 *vol. in* 8.

816 Œuvres de Benſſerade. *Par.* 1697. 2 *vol. in* 12.

817 Poésies de Chaulieu & de la Fare. *La Haye,* 1731. *in* 12.

818 Les mêmes. *Par.* 1733. *in* 8.

819 Poésies de Sanlecque. *Lyon.* 1726. *in* 12.

820 Poésies de divers Auteurs. *Par.* 1661. *in* 12.

821 Poésies chrét. de Courtin. *Par.* 1687. *in* 12. *m. r.*

822 Vérités ſur les mœurs, en vers. *Par.* 1694. *in* 12.

823 Maximes politiques mises en vers par Esprit. Par. 1669. *in* 12.

824 Billets en vers de S. Uffans. *Par.* 1688. *in* 12.

825 Réflexions crit. mor. & historiques. 1691. *in* 12.

826 La Muse mousquetaire du Chev. de S. Gilles. *Par.* 1709. *in* 12.

827 Poésies de Baraton. *Par.* 1705. *in* 12.

828 Œuvres diverses du sieur D * * *. *Amst.* 1713. *in* 12.

829 Discours satyriques en vers, par Gacon. *Lyon,* 1696. *in* 12.

830 Les mêmes. *Par.* 1698. *in* 12.

831 L'Eleve de Terpsicore. *Rouen,* 1718. *in* 12.

832 Odes de M. de la Motte. *Par.* 1711. *in* 8.

833 Poésies de l'Abbé de Villiers. *Par.* 1712. *in* 12.

834 Poësies de la Monnoye. *La Haye,* 1716. *in* 8.

835 Noels Bourguignons. *in* 12.

836 Œuvres de Vergier. *Rouen,* 1731. 4 *vol. in* 12.

837 Œuvres de Rousseau. *Rotterd.* 1712. 3 *vol. in* 12.

838 Les mêmes. *Chartres,* 1731. 3 *vol. in* 12.

839 Les mêmes. *Par.* 1743. 4 *vol. in* 12.

840 Œuvres de Grecourt. *Par.* 1745. 2 *tom.* 1 *vol. in* 12.

841 Œuvres de Gresset. *Orléans,* 1748. 2 *vol. in* 12.

842 Œuv. de Voltaire. *Rouen,* 1742. 5 *vol. in* 12.

843 La Religion, Poème par Racine. *Par.* 1742. *in* 8.

844 L'Art d'aimer, en vers. *Par.* 1742. *in* 8.

845 Poésies diverses, par M. L. D. B. *Par.* 1744. *in* 8.

846 Harangues de Sarcelles. 1731. *in* 12.

847 Mémoires de la Calotte. *Par.* 1735. *in* 12.

848 Journée Calotine. *Par.* 1732. *in* 8.

849 Conseil de Momus, Poème — Momus Fabuliste, par Fuzelier — le Je ne sçai quoi, par de Boissy. *in* 8.

850 Chansons de Coulanges. *Par.* 1694. *in* 12.

851 Recueil de Chansons, avec les airs notés. *La Haie*, 1731. 7 *vol in* 12.

852 Recueil de Chansons mss. avec la musique. *in* 4.

853 Chansons notées des Maçons libres *in* 12.

854 Recueil des Poètes François, par Barbin. *Par.* 1692. 5 *vol. in* 12.

855 Le même. *Amst.* 1692. 5 *vol. in* 12.

856 Recueil de pieces choisies par M. de la Monnoie. *La Haie*, 1714. 2 *vol. in* 12.

857 Recueil de pieces en prose & en vers. *La Haie*, 1694. 5 *vol. in* 12.

858 Recueil de Pieces de vers mss., rangées par ordre alphabétique. 3 *vol. in* 4.

859 Recueil des Epigrammatistes françois, par la Martiniere. *Amst.* 1720. 2 *vol. in* 12.

860 Recueil de Poètes Gascons. *Amst.* 1700. *in* 12. *tom. I.*

861 Dante. *Lione*, 1575. *in* 12. *m. r.*

862 Il Petrarca. *Lione*, 1558. *in* 12. *m. r.*

863 Histoire de Roland l'amoureux, par Boyard, trad. par Jacq. Vincent du Chrest Arnaud. *Par.* 1574. 2 *vol. in* 8. *m. v.*

864 Le même. *Par.* 1720. 2 *vol. in* 12.

865 Orlando furioso di Lod. Ariosto. *Lyone*, 1570. *in* 12. *m. r.*

866 Roland le Furieux, imitation de l'Arioste. *Par.* 1720. 2 *vol. in* 12.

867 Jérusalem délivrée, Poème du Tasse, trad. par M. Mirabaud. *Par.* 1735. 2 *vol. in* 12.

868 Rime di Zappi e di Maratti. *In Venezia.* 1731. *in* 12.

869 La Lusiade du Camoens, Poeme trad. par du Perron de Castera. *Par.* 1735. *3 vol. in* 12.

870 Le Paradis perdu, Poeme de Milton, (en Angl.) *Lond.* 1678. *in* 8.

871 Le même. *London*, 1711. *in* 12. *m. r.*

872 Le même. *Lond.* 1725. *in* 12.

873 Paradis reconquis, Poeme de Milton, (en Angl.). *Lond.* 1730. *in* 12.

874 Paradis perdu de Milton, trad. par M. Dupré de S. Maur. *Par.* 1729. *3 vol. in* 12.

875 Paradis reconquis, trad. par le P. de Mareuil, &c., *Par.* 1736. *in* 12.

876 Hudibras, Poème de Samuel Butler. *Lond.* 1720. *in* 12.

877 Poèmes sur différens sujets, recueillis par N. Tate, (en Anglois). *Lond.* 1685. *in* 8.

878 Mélange ou Recueil d'Œuvres diverses en profe & en vers, (en Angl.), par MM. Pope & Swift. *Lond.* 1736. *6 vol. in* 12.

879 Mélanges de Littérature & de Philofophie, par Pope, trad. *Lond.* 1742. *in* 12.

880 La Boucle de cheveux enlevée, Poème de Pope, trad. par Desfontaines. *Par.* 1728. *in* 12.

881 Essai sur l'homme, par Pope, trad. par M. de Silhouette. 1736. — Ouvrages divers de Greffet. *in* 12.

882 Pratique du Théâtre, par d'Aubignac. *Amst.* 1715. *2 vol. in* 8.

883 La même. *Amst.* 1715. *2 vol in* 12.

884 De la réformation du Théâtre, par Riccoboni. *Par.* 1743. *in* 12.

885 Recherches fur les Théâtres de France, par M. de Beauchamps. *Par.* 1735. *3 vol. in* 8.

886 Bibliotheque des Théâtres, par Maupoint. *Par.* 1733. *in* 8.

887 Histoire du Théâtre françois, par MM. Parfait.

fait. *Par.* 1734 *& suiv.* 14 *vol. in* 12.

888 Discours sur la Comédie. *Par.* 1694. *in* 12.
  m. r.

889 Tragédies de Rob. Garnier. *Par. in* 12.

890 Pandoste, Trag. en prose. *in* 8.

891 Tragédies d'Ant. de Montchrestien. *Rouen,*
  1627. *in* 8.

892 Tragédies & Histoires saintes de Jean Boissin
  de Galardon. *Lyon,* 1618. *in* 12.

893 Théâtre de P. Corneille. *Par.* 1692. 4 *vol.*
  in 12.

894 Théâtres de P. & Th. Corneille. *Par.* 1723.
  10 *vol. in* 12.

895 Œuvres diverses de P. Corneille. *Par.* 1738.
  in 12.

896 Théâtre de Quinault. *Par.* 1715. 5 *vol. in* 12.

897 Œuvres de Moliere. *Par.* 1697. 8 *vol. in* 12.

898 Les mêmes. *Par.* 1730. 8 *vol. in* 12.

899 Les mêmes Franc. & Angl. *Lond.* 1732. 8 *vol.*
  in 12.

900 Vie de Moliere, par Grimarest. *Par.* 1705.
  in 12.

901 Autre, par Voltaire. *Par.* 1739. *in* 12.

902 Observations sur la Comédie & le génie de
  Moliere, par Louis Riccoboni. *Par.* 1736. *in* 12.

903 Œuvres de Poisson. *Par.* 1679. *in* 12.

904 Théâtre de Boursault. *Par.* 1725. 3 *vol. in* 12.

905 Œuvr. de Montfleuri. *Par.* 1705. 2 *vol. in* 12.

906 Les mêmes. *Par.* 1739. 3 *vol. in* 12.

907 Œuvres de Racine. *Par.* 1736. 2 *vol. in* 12.

908 Les mêmes. *Par.* 1741. 2 *vol. in* 12.

909 Mémoires sur la Vie de Racine. *Par.* 1747. 2
  vol. in 12.

910 Théâtre de Hauteroche. *Par.* 1736. 3 *v. in* 12.

911 Œuvres de Phil. Poisson. *Par.* 1743. 2 *vol.*
  in 12.

G

912 Théâtre de le Grand. *Par.* 1731. 4 *vol. in* 12.

913 Le même. *Par.* 1742. 4 *vol. in* 12.

914 Œuvres de Champmêlé. *Par.* 1735. 2 *vol. in* 12.

915 Théâtre de la Thuillerie. *Par.* 1745. *in* 12.

916 Œuvres de Dancourt. *Rouen,* 1729. 9 *vol. in* 12.

917 Les mêmes. *Par.* 1742. 8 *vol. in* 12.

918 Œuvres de Capiftron. *Lyon,* 1698. *in* 12.

919 Les mêmes, *Rouen,* 1731. 2 *vol. in* 12.

920 Théâtre de Baron. *Par.* 1736. 2 *vol. in* 12.

921 Théâtre de Brueys. *Par.* 1735. 3 *vol. in* 8.

922 Gabinie, Trag. par Brueys. *Par.* 1699. *in* 12.

923 Œuvres de Palaprat. *Par.* 1735. *in* 12.

924 Œuvres de Regnard. *Rouen,* 1731. 5 *vol. in* 12.

925 Œuvres de la Foffe. *Par.* 1719. *in* 12.

926 Œuvres de la Grange Chancel. *Par.* 1742. 3 *vol. in* 12.

927 Abfalon, Trag. par Duché. *Par.* 1712. *in* 12.

928 Théâtre de Destouches. *Par.* 1716. 2 *vol. in* 12.

929 Le même. *Par.* 1736. 5 *vol. in* 12.

930 Œuvres de Théâtre de la Motte. *Par.* 1730. 2 *vol. in* 8.

931 Œuvres mêlées de Nadal. *Par.* 1738. 3 *vol. in* 12.

932 Œuvres de du Freny. *Par.* 1731. 6 *vol. in* 12.

933 Tragédies de Mlle. Barbier. *Par.* 1707. *in* 12.

934 Théâtre de Boindin. *Par.* 1746. *in* 12.

935 Théâtre de Crébillon. *Par.* 1719. *in* 12.

936 Le même. *Par.* 1737. 2 *vol. in* 12.

937 Théâtre de Marivaux. *Par.* 1740. 4 *vol. in* 12.

938 Théâtre de Nivelle de la Chauffée. *Par.* 1741. 3 *vol. in* 12.

939 Théâtre de Piron. *Par.* 1738. *in* 8.

940 Théâtre de Fagan. *Paris* , 1733. *in* 8.

941 François II, Tragédie, par M. le Preſ. Henault. *Par.* 1747. *in* 8.

942 La Mérope françoiſe, par Voltaire. *Paris* , 1744. == Lettre à M. Norberg ſur l'Hiſt. de Charles XII. == Mémoires de l'Académie de Troyes. *in* 8.

943 Théâtre de Boiſſi. *Par.* 1735. 7 *vol. in* 8.

944 Théâtre de Peſſelier. *Par.* 1737. *in* 8.

945 Théâtre de Favart. *Par.* 1746. 2 *vol. in* 8.

946 Théâtre de Launay. *Par.* 1741. *in* 12.

947 Théâtre de la Font. *Par.* 1746. *in* 12.

948 Cenie par Mde. de Grafigny. *Par.* 1751. *in* 12.

949 Théâtre françois. *Par.* 1737. 12 *vol. in* 12.

950 Nouv. Théâtre françois. *Par.* 1739. 7 *v. in* 8.

951 Recueil de Pieces de Théâtre de différens Auteurs , *Par.* 1735. 3 *vol. in* 12.

952 Soixante Pieces de Théâtre dont la Princeſſe de Navarre, Edouard, l'Epoux Magicien, Achille dans l'Iſle de Syros, Teglis, Pirrhus, les Gaulois. *in* 8, & *in* 12.

953 La Sœur généreuſe, Alcidiane, Jodelet Aſtrologue. *in* 4.

954 Théâtre Italien de Gherardi. *Amſt.* 1701. 6 *vol. in* 12.

955 Le même. *Par.* 1717. 6 *vol. in* 12.

956 Nouv. Théâtre Italien. *Par.* 1729 9 *v. in* 12.

957 Le même. *Par.* 1733. 9 *vol. in* 12.

958 Parodies du nouveau Théâtre Italien. *Par.* 1731. 4 *vol in* 12.

959 Les mêmes. *Par.* 1738. 4 *vol. in* 12.

960 Recueil des Opera. *Par.* 1703. & *ſuiv.* 16 *vol. in* 12.

961 Théâtre lyrique , par le Brun. *Par.* 1712. *in* 12.

962 Théâtre de la Foire. *Par.* 1721. 10 *vol. in* 12.

963 Extraits de pieces du Théâtre espagnol , par du Perron de Castera. *Par.* 1738. *in* 12.

964 Recueil de pieces de Théâtre angl. *Lond.* 1736 , 1739. 2 *vol. in* 12.

965 Théâtre anglois , trad. par M. de la Place. *Par.* 1748. 8 *vol. in* 12.

966 Critique du Théâtre angl. , par Collier , trad. par de Courbeville. *Par.* 1715. *in* 12.

967 Recueil de Tragédies angloises. *Lond.* 1741. 3 *vol. in* 12.

968 Liasse de soixante & deux Tragédies angloises. *in* 8.

969 Recueil de Comédies angloises. *Lond.* 1735. 2 *vol. in* 12.

970 Le Théâtre Danois , par Holberq , trad. par Fursman. *Copenhague* , 1746. *in* 8.

MYTHOLOGIE., ROMANS.

971 Tableaux de Philostrate. *Par.* 1615. *in fol.*

972 Nat. Comitis Mythologia. *Genev.* 1612. *in* 8.

973 Explication histor. des Fables par Banier. *Par.* 1715. 3 *vol. in* 12.

974 De l'usage des Romans , &c. par Lenglet. *Par.* 1734. 3 *vol. in* 12.

975 Lettres sur les Romans. *Par.* 1743. *in* 12.

976 Heliodori Æthiopicorum Libri X. gr. lat. cum notis Hier. Commelini. *Lugd.* 1611. *in* 8.

977 Amours de Theagene & de Chariclée , par Heliodore, trad. *Par.* 1727. *in* 12.

978 Achilles Tatius de Clitophontis & Leucippes amoribus gr. lat. ex edit. Cl. Salmasii. *Lugd. Bat.* 1640. *in* 12. *m. v.*

979 Amours de Leucippe & de Clitophon , par Achil. Tatius, trad. *Par.* 1733. *in* 12.

980 Amours d'Ismene & d'Ismenias. *Par.* 1743.

— Le Cabaliste amoureux & trompé. 1743. *in* 12.

981 Amours de Daphnis & Chloé. *Par.* 1731. *in* 8.

982 Affections de divers Amans : les narrations d'a-
mour de Plutarque. *Par.* 1743. *in* 12.

983 La Diane de Georges de Montemayor, trad.
avec les fig. de Crispin de Passe. *Par.* 1631. 2 *vol.*
in 8.

984 Persile & Sigismonde, trad. de Cervantes par
Richebourg. *Par.* 1738. 4 *vol. in* 12.

985 La Rosalinde imitée de l'italien de Bern. Mo-
rando. *Par.* 1732. *in* 12.

986 Le Caloandre fidele, par Ambr. Marini trad.
Par. 1740. 3 *vol. in* 12.

987 Les Désespérés, par J. Amb. Marini, trad.
Par. 1732. 2 *vol. in* 12.

988 L'Astrée de M. d'Urfé, donnée par Souchay.
Par. 1733. 10 *vol. in* 12.

989 Zayde, par Segrais. *Par.* 1719. 2 *vol. in* 12.

990 La Princesse de Cleves, par le même. *Amst.*
1693. *in* 12.

991 La même. *Par.* 1725. *in* 12.

992 Semelion. *Rouen*, *in* 12.

993 Recueil de Romans historiques. *Par.* 1746.
8 *tom.* 4 *vol. in* 12.

994 Abregé de Cassandre, par de la Calprenede.
Par. 1752. 3 *vol. in* 12.

995 Dom Carlos par S. Real. 1672. *in* 12.

996 Ibrahim, ou l'illustre Bassa. *Par.* 1723. 4 *vol.*
in 12.

997 Artamene ou le Grand Cyrus, par de Scudery.
Leyden, 1656. 10 *vol. in* 8.

998 Tarsis & Zelie. *La Haye*, 1720. 3 *vol. in* 8.

999 Histoire des Amours de Valerie & de Barba-
rigo. *Par.* 1741. *in* 12.

1000 Histoire secrete des Femmes galantes de l'An-
tiquité. *Rouen*, 1726. 6 *vol. in* 12.

1001 Hiſtoire des Favorites, par de la Rochegui-lhen. *Par.* 1700. *in* 12.

1002 Les Femmes militaires, par S. Jorry. *Par.* 1735. *in* 12.

1003 Anecdotes grecques, ou Avantures ſecretes d'Aridée. *Par.* 1731. *in* 12.

1004 Anecdotes de Samos & de Lacédemone. *Par.* 1744. *in* 12.

1005 Veillées de Theſſalie. *Par.* 1731. *in* 12.

1006 Anecdotes gal. & trag. de la Cour de Neron. *Par.* 1735. *in* 12.

1007 Les Illuſtres Françoiſes. *Par.* 1727. *3 vol. in* 12.

1008 Hiſtoire ſecrete de Cath. de Bourbon, Du-cheſſe de Bar. *Par.* 1703. *in* 12.

1009 Anecdotes de la Cour de Childeric. *Par.* 1736. *in* 12.

1010 Anecdotes de la Cour de Philippe Auguſte, par Mademoiſelle de Luſſan. *Par.* 1733. *6 vol. in* 12.

1011 Anecdotes de la Cour de Philippe Auguſte, par Mademoiſelle de Luſſan. *Par.* 1738. *6 vol. in* 12.

1012 Anecdotes des regnes de Charles VIII, & de Louis XII. *Par.* 1741. *in* 12.

1013 Anecdotes de la Cour de François I. par Ma-demoiſelle de Luſſan. *Par.* 1748. *3 vol. in* 12.

1014 Annales gal. de la Cour de Henri II, par la même. *Par.* 1749. *2 vol. in* 12.

1015 Gaſton de Foix, par M. de Vignacourt. *Par.* 1741. *2 vol. in.* 12.

1016 La Comteſſe de Mortane. *Par.* 1699. *2 vol. in* 12.

1017 Adelaïde de Champagne. *Par.* 1746. *in* 12.

1018 Amours de Mad. d'Elbeuf. *Par.* 1739. *in* 8.

1019 Mémoires du Marq. d'Almacheu. *Par.* 1678. *3 vol. in* 12.

1020 Le Chevalier des Effars, & la Comteffe de Bercy. *Par.* 1735. 2 *vol. in* 12.

1021 Avantures de Henriette Silvie de Moliere. *Amft.* 1700. *in* 12.

1022 Mémoires de la vie de Mlle. Delfoffes ou le le Chev. Baltazard. *Par.* 1695. *in* 12.

1023 Les mêmes. *Par.* 1703. *in* 12.

1024 Le Siége de Calais par M. de Pontlevel. *Par.* 1739. *in* 12.

1025 La Veuve en puiffance de mari. *Paris ,* 1732. *in* 12.

1026 Mémoires de Mlle. Bontemps , par Gueullette. *Par.* 1749. *in* 12.

1027 Avantures de Kermalec. *Par.* 1740. 2 *vol. in* 12.

1028 Hiftoire d'Amenophis & de la Comteffe de Vergi. *La Haye ,* 1725. *in* 12.

1029 Hiftoire du Marquis de Clemes, par Mlle. l'Héritier. *Amft.* 1719. *in* 12.

1030 Mémoires du Comte de Claize , par de Catalde. *Rouen ,* 1738. *in* 12.

1031 L'Ambigu d'Auteuil. *Par.* 1709. *in* 12.

1032 Soirées du bois de Boulogne. *Par.* 1742. 2 *vol. in* 12.

1033 Voyage de Fontainebleau. *Par.* 1678. *in* 12.

1034 Mémoires de la Comteffe d'Horneville , par Simon. *Par.* 1739. 2. *vol. in* 12.

1035 Mémoires & Avantures d'un homme de qualité , par M. Prévoft. *Par.* 1728. 7 *tom.* 5 *vol. in* 12.

1036 Hiftoire de Cleveland, par le même. *Par.* 1731. 8 *vol. in* 12.

1037 Le Doyen de Killerine , par le même. *Par.* 1735. 6 *vol. in.* 12.

1038 Hiftoire de Marguerite d'Anjou , par le même. *Paris* 1740. 2 *vol. in* 12.

1039 Hiſtoire d'une Grecque moderne, par le même. *Par.* 1740 2 *tom.* 1 *vol. in* 12.

1040 Campagnes pliloſophiques, par le même. *Par.* 1741. 2 *vol. in* 12.

1041 Hiſtoire de la jeuneſſe du Commandeur de * * * par le même. *Par.* 1741. 2 *tom.* 1 *vol. in* 12.

1042 Paris ou le Mentor à la mode, par de Mouhy. *Par.* 1735. *in* 12.

1043 Mémoires poſthumes du Comte de D... B... par de Mouhy. *Par.* 1735. 2 *vol. in* 12.

1044 La Païſanne parvenue, par de Mouhy. *Par.* 1735. 3 *vol. in* 12.

1045 La même. *Par.* 1736. 4. *vol. in* 12.

1046 Avantures de Bigand, par de Mouhy. *Paris,* 1738. 2 *vol. in* 12.

1047 Mémoire d'Anne-Marie de Moras, par de Mouhy. *Par.* 1739. 2 *vol. in* 12.

1048 Mémoires du Marq. d'Argens. *Rouen,* 1735. *in* 12.

1049 Avantures de la Roſalina, par d'Argens. *La Haye,* 1737. *in* 12.

1050 Mémoires du Chevalier de * * *, par M. d'Argens. *Par.* 1745. *in* 12.

1051 Les Effets ſurprenans de la Sympathie. *Paris,* 1719. 2 *vol. in* 12.

1052 Hiſtoire de Lideric. *Par.* 1737. 2. *vol. in* 12.

1053 Mémoires de Saldaigne, par M. de Vignacourt. *Par.* 1745. *in* 12.

1054 Anecdotes du Siége de Tournay. *Par.* 1745. *in* 12.

1055. Mémoires de Gaudentio di Lucca. *Par.* 1746. 2 *vol. in* 12.

1056 Avantures de Rozelli. *Rouen,* 1729. 4 *tom.* 2 *vol. in* 12.

1057 La Vertueuſe Sicilienne. *Par.* 1746. *in* 12.

1058 La Saxe galante. *Par.* 1735. *in* 12.

1059 Guftave Vafa. *Paris*, 1725. *in* 12.

1060 Adelaïde de Meffine. *Par.* 1733. *in* 12.

1061 Hiftoire de Mathilde d'Aguilar, par Mlle. de Scuderi. *La Haye*, 1736. *in* 12.

1062 Marie d'Anjou Reine de Maïorque. *Paris*, 1682. 4 *vol. in* 12.

1063 Mémoires turcs. *Par.* 1743. *in* 12.

1064 La Comteffe de Janiffanta. *Rouen* 1730. 2 *vol. in* 12.

1065 La même. *Par.* 1739. 2 *vol. in* 12.

1066 Le Coufin de Mahomet. *Rouen*, 1742. 2 *vol. in* 12.

1067 la Vie & les Avantures de Zizime. *Par.* 1724. *in* 12.

1068 Sapor, par du Perret. *Paris*, 1730. 3 *vol. in* 12.

1069 Hiftoire de la Reine Marthefie. *in* 12. *m. bl.*

1070 Diane de Caftro par Huet. *Par.* 1728. *in* 12.

1071 Perkin faux Duc d'York. *Par.* 1732. *in* 12.

1072 Hiftoire de Catherine de France, Reine d'Angleterre. *Par.* 1696. *in* 12.

1073 Nouvelles d'Elifabeth. *Par.* 1674. 4 *v. in* 12.

1074 Marie Stuart. *Par.* 1674. 3. *vol. in* 12.

1075 Hiftoire d'Hyppolite, Comte de Duglas, par Mad. Daulnoy. *Par.* 1699. 2 *vol. in* 12.

1076 La même. *Par.* 1736. *in* 12.

1077 Le Comte de Warwick, par Me. Daulnoy. *Par.* 1740. *in* 12.

1078 Avantures du faux Chevalier de Warwick. *Par.* 1750. *in* 12.

1079 Nouv. Atlantis (en Angl.) *Lond.* 1709. *in* 8.

1080 L'Atlantis de Me. Manley. *Rouen*, 1714. 2. *vol. in* 12.

1081 Mémoires du Comte de Grammont, par Hamilton. *Colog.* 1713. *in* 12.

1082 Les mêmes. *Utrecht*, 1732. *in* 12.

1083 Histoires du Comte d'Oxfort de Miledy d'Herby, &c. par Mad. de Gomez. *Par.* 1737. *in* 12.

1084 Mémoires de Milord ***. *Par.* 1727. *in* 12.

1085 Histoire d'un Gentilhomme Ecossois. *Par.* 1750. ══ Histoire de la Félicité. *Par.* 1751. *in* 12.

1086 Pamela, trad. de l'Anglois. *Par.* 1742. 2 *vol. in* 12.

1087 Antipamela. *Par.* 1742. ══ La belle Allemande. *in* 12.

1088 Oronoko. *Par.* 1745. *in* 12.

1089 Histoire de Tom Jones, par Fielding, trad. par M. de la Place. *Par.* 1750. 4 *vol. in* 12.

1090 Mémoires de Cecile, par le même. *Par.* 1751. 2 *vol. in* 12.

1091 Histoire de Miss Clarisse Harlove, trad. par M. Prevost. *Par.* 1751. 12 *part.* 6 *vol. in* 12.

1092 Histoire de John Bull, par Swift. *Par.* 1753. *in* 12.

1093 L'Etourdie, ou Histoire de Henri Tatless. trad. de l'Angl. *Par.* 1754. 4 *vol. in* 12.

1094 Le Mariage, ses agrémens, ses chagrins. *Par.* 1695. 3 *vol. in* 12.

1095 Mémoires de Mad. la Comtesse D **. *Par.* 1698. 2 *vol. in* 12.

1096 Avantures de D. Palmerin & de Thamire, par du Perron de Castera. *Par* 1738. 2 *vol. in* 12.

1097 Anecdotes Persanes par Mad. de Gomez. *Par.* 1727. 2 *vol. in* 12.

1098 Anecdotes persanes, par la même. *Par.* 1727. 2 *vol. in* 12.

1099 Cent Nouvelles nouvelles, par la même. *Par.* 1735. & *suiv.* 36 *parties,* 18 *vol. in* 12. (manq. le 17e. vol.)

1100 Les Journées amusantes, par la même. *Par.* 1737. 8 *vol. in* 12.

1101 Amufemens de la Campagne. *Par.* 1742. 3 *vol. in* 12.

1102 Evandre & Fulvie. *Par.* 1728. *in* 12.

1103 Les Freres jumeaux. *Par.* 1730. *in* 12.

1104 L'Epoufe infortunée. *Par.* 1733. *in* 12.

1105 L'infortuné Philope. *Par.* 1735. *in* 12.

1106 Le Sylphe amoureux. *Rouen,* 1734. *in* 12.

1107 Hiftoire d'Emilie , par Mad. Meheuft. *Par.* 1732. *in* 12.

1108 Mémoires du Chev. de ***, par la même. *Par.* 1734. *in* 12.

1109 Mémoires de Mad. de Barneveldt, par des Fontaines. *Par.* 1732. 2 *vol. in* 12.

1110 Hiftoire de Mlle. de Salens. *Par.* 1740. 2 *vol. in* 12.

1111 Les faveurs & les difgraces de l'Amour. *La Haye,* 1734. 3 *vol. in* 12.

1112 Mémoires & Avantures de M. de * *. *Par.* 1735. 2. *vol. in* 12. (manq. la 1 & 2 partie.)

1113 Mémoires du Chev. de T * *. *Par.* 1738. *in* 12.

1114 Mémoires & Avantures de Mad. de P***. *Par.* 1736. *in* 12.

1115 Hiftoires & Avantures de ***, par Lettres. *Par.* 1744. *in* 12.

1116 Lectures amufantes. *La Haye,* 1739. 2 *vol. in* 12.

1117 Le Payfan parvenu, par de Marivaux. *Par.* 1735. *in* 12.

1118 La Vie de Marianne, par le même. *Paris,* 1736. 3 *vol. in* 12.

1119 La même. *Rouen,* 1745. 2 *vol. in* 12.

1120 Jeannette feconde. *Rouen,* 1744. *in* 12.

1121 Mémoires de Solinville, par Mad. Levefque. *Par.* 1741. *in* 12.

1122 Mémoires de Verforand. *Par.* 3 *vol. in* 12.

1123 Mémoires de Rantzi. *Par.* 1747. *in* 12.

1124 Mémoires & Avantures d'un Bourgeois qui s'eſt avancé dans le monde. *Par.* 1750. 2 *vol. in* 12.

1125 Mémoires de Mainville. *La Haye,* 1736. *in* 12.

1126 Mémoires de Monville. *Par.* 1742. ══ Les deux Couſines. 1743. *in* 12.

1127 Mémoires de Meilcour. *Par.* 1739. *in* 12.

1128 Confeſſions du Comte de * * *, par Duclos. *Par.* 1742. *in* 12.

1129 Confeſſions de la Baronne de * *. *Par.* 1743. *in* 12.

1130 Le Fourbe puni. *Par.* 1740. *in* 12.

1131 Mémoires de la Comteſſe de * *. *Par.* 1744. *in* 12.

1132 Les Soirées amuſantes. *Par.* 1746. *in* 12.

1133 Mémoires d'une fille de qualité. *Par.* 1742. *in* 12.

1134 Les Amours traverſées. *Par.* 1741. *in* 12.

1135 Les Confidences réciproques. *Par.* 1747. *in* 12.

1136 Le guerrier philoſophe. *Par.* 1744. 2 *vol. in* 12.

1137 Le Berceau de la France. *Par.* 1744. *in* 12.

1138 Hiſtoire du cœur humain. *Par.* 1743. *in* 12.

1139 Atalzaïde. *Par.* 1745. *in* 12.

1140 La belle Allemande. *Par.* 1745. *in* 12.

1141 Themidore. *Par.* 1745. ══ Nouv. Contes de Fées. *Par.* 1745. *in* 12.

1142 Le Maſque de fer. *Paris,* 1750. *in* 12.

1143 Amours fugitifs du Cloître. *Amſt.* 1749. ══ Les petites Nouvelles pariſiennes. *Paris,* 1750. *in* 12.

1144 Le Triomphe du ſentiment. *Paris,* 1750. *in* 12.

1145 La Force de l'éducation. *Par.* 1750. *in* 12.

1146 La laideur aimable, & les dangers de la beauté. *Par,* 1752. *in* 12.

1147 Le Beau-frere fuppofé. *Paris,* 1752. 2 *vol. in* 12.

1148 Amufemens d'un prifonnier. *Paris,* 1750. *in* 12.

1149 Mémoires de Poligny. *Par.* 1749. *in* 12.

1150 L'Amour chez les Philofophes, ou Mémoires du Marquis de ***. *Par.* 1748. *in* 12.

1151 Mémoires pour fervir à l'Hiftoire des mœurs du 18e. fiecle. *Par.* 1751. *in* 12.

1152 Les Héros fubalternes. *Par.* 1745. *in* 12.

1153 Avantures du Comte D***, 1750. 3 *part.* 1 *vol. in* 12.

1154 Le Paffe-partout galant. *in* 12.

1155 L'Ecole des filles, ou Mémoires de Conftance. *Par.* 1753. 4 *vol. in* 12.

1156 Leonille, Nouvelle par Mlle. *Nancy,* 1755. 2 *vol. in* 12.

1157 Abbaffaï. 2 *parties, in* 12.

1158 Nouvelles de Michel de Cervantes. *Rouen,* 1723. 2 *vol. in* 12.

1159 Nouvelles tragi-comiques de Scarron. *Par.* 1694. 2 *vol. in* 12.

1160 Hiftoire de Don Quichotte, par Cervantes. *Lyon,* 1696. 5 *vol. in* 12.

1161 La même. *Lyon,* 1738. 6 *vol. in* 12.

1162 Hiftoire de Gerard, Comte de Nevers. *Par.* *in* 8.

1163 Hiftoire de Tiran le blanc, trad. *Par.* 1740. 2 *vol. in* 8.

1164 Le Diable boiteux, par le Sage. *Rouen,* 1728. 2 *vol. in* 12.

1165 Le même, augmenté des béquilles, &c. *Par.* 1737. 2 *vol. in* 12.

1166 Histoire de Gilblas, par le même. *Paris*, 1721. 4 *vol. in* 12.

1167 La même. *Par.* 1738. 4 *vol. in* 12.

1168 Vie de D. Alphonse Blas-Rias, fils de Gilblas. *Amst.* 1744. *in* 12.

1169 Histoire d'Estevanille Gonzalez, par le Sage. *Par.* 1734. 2 *vol. in* 12.

1170 Histoire d'Estevanille, par le même. *Par.* 1734. 2 *vol. in* 12.

1171 Le Bachelier de Salamanque, par le même. *Par.* 1736. 2 *vol. in* 12.

1172 Histoires nouvelles, & Mémoires ramassés. *Par.* 1745. *in* 12.

1173 Jo. Barclaii Argenis. *Lugd. Bat. Elzev.* 1630. *in* 12. *m. r.*

1174 L'Argenis de Barclay, trad. par Josse. *Chartres*, 1732. 3 *vol. in* 12.

1175 Les Avantures de Telemaque, par Fenelon. *Rouen*, 1699. 2 *vol. in* 12.

1176 Les mêmes. *Rouen*, 1700. *in* 12.

1177 Les mêmes. *Par.* 1717. 2 *vol. in* 12.

1178 Voyage & Avantures du Comte de * * *, & de son fils. *Par.* 1745. 3 *vol. in* 12.

1179 Mahmoud la Gasnevide, par Mellon. *Par.* 1730. *in* 8.

1180 Mille & une nuit, Contes Arabes, par Galland. *Par.* 1726. 6 *vol. in* 12.

1181 Les mêmes. *Paris*, 1747. 8 *vol. in* 12.

1182 Mille & un jour. *Par.* 1729. 5 *vol. in* 12.

1183 Mille & une heure. *Par.* 1734. 2 *vol. in* 12.

1184 Les mille & un quart d'heure, Contes Tartares, par Gueullette. *Par.* 1734. 3 *vol. in* 12.

1185 Avantures de Fum-Hoam, Contes Chinois, par Gueullette. *Par.* 1723. 2 *vol. in* 12.

1186 Les mêmes. *Par.* 1728. 2 *vol. in* 12.

1187 Avantures d'Abdalla. *Rouen*, 1723. 2 *vol. in* 12.

1188 Les mêmes. *Par.* 1745. 2 *vol. in* 12.

1189 Nouv. Contes des Fées, par Mad. de Muralt. *Par.* 1724. *in* 12.

1190 N. Contes des Fées, par Mad. d'Aunoy. *Par.* 1728. 6 *vol. in* 12. (manq. le 1.)

1191 Trois nouv. Contes des Fées. *Paris,* 1735. *in* 12.

1192 Contes moins Contes que les autres, par Perrault Darmancour. *Par.* 1724. *in* 12.

1193 Deux Contes de cette année. *in* 12.

1194 Féeries nouvelles. *Par.* 1741. 2 *vol. in* 12.

1195 Le Belier, Fleur d'Epine, & les quatre Facardins, Contes par Hamilton. *Par.* 1730. 3 *vol. in* 12.

1196 La Jeune Amériquaine. *Par.* 1740. 2 *vol. in* 12.

1197 Tanzai & Neadarné, par Crebillon le fils. *Par.* 1734. 2 *vol. in* 12.

1198 Les mêmes. *Par.* 1740. 2 *vol. in* 12. *fig. m. b.*

1199 Nerair & Melhoé. *Par.* 1740. 2 *vol. in* 12.

1200 Histoire du Prince Soly. *Par.* 1740. *in* 12.

1201 Pigmalion. *Par.* 1741. *in* 12.

1202 La Princesse sensible, & le Prince Tryphon. *Par.* 1743. == La Princesse Camion. == La patte du Chat. 1741. *in* 12.

1203 Le Prince des Aigues marines, le Prince invisible. *Par.* 1744. == Acajou & Zirphile, par Duclos. *Par.* 1744. *in* 12.

1204 Zulmis & Zelmaïde, Conte. *Paris,* 1745. *in* 12.

1205 Le ****, Histoire bavarde. *Par.* 1749. == Zadig. 1748. *in* 12.

1206 Mirza Nadir. *Par.* 1749. 2 *vol. in* 12.

1207 Mirla & Fatmé, Conte. *Par.* 1754. *in* 12.

1208 Il Decamerone di Boccaccio. *Lione,* 1555. *in* 12. *m. r.*

1209 Decameron de Bocace, trad. par Ant. le Ma-
con. *Rouen*, 1670. *in* 12. *tom.* 2.

1210 Le Songe de Bocace, trad. *in* 12.

1211 Les cent Nouvelles nouvelles. *Col.* 1701.
2 *vol. in* 12. *fig.*

1212 Contes & Nouvelles de Marguerite de Va-
lois. *Amft.* 1700. 2 *vol. in* 12. *fig.*

1213 Recueil de Contes. *Chartres*, 1733. *6 vol.
in* 12.

1214 Contes de Bonav. des Periers, nouv. edit.
par M. de la Monnoye. *Par.* 1735. 3 *vol. in* 12.

1215 Contes & Difcours d'Eutrapel (Noël du Fail
fieur de la Heriffaye.) *Rennes*, 1585. *in* 8.

1216 Les mêmes. *Paris*, 1732. 3 *tom.* 2 *vol. in* 12.

1217 Contes du fieur d'Ouville. *Rouen*, 1732. 2
vol. in 12.

1218 Ducento Novelle del Celio Malefpini. *In
Venet.* 1609. *in* 4.

1219 Les facécieufes nuits de Straparole, trad.
par Jean Louveau. *Par.* 1726. 2 *vol. in* 12.

1220 Hiftoires prodigieufes par Cl. de Tefferant.
Par. 1597. *in* 12. (les tom. 2 — 6.) 2 *vol. in* 12.

1221 Les Malades de belle humeur. *Par.* 1697.
in 12.

1222 Apologie des Maifons de joie. *Amft.* 1727.
in 12.

1223 Les Bijoux indifcrets. *Paris*, 2 *vol. in* 12.
fig.

1224 Le Sopha. *Par.* 2 *vol. in* 12.

1225 Les Etrennes de la S. Jean. *Troyes*, 1742.
in 12.

1226 Mémoires de l'Académie des Colporteurs.
Par. 1748. *in* 12.

1227 Recueil de ces Meffieurs. *Par.* 1745. *in* 12.

PHILOLOGUES.

PHILOLOGUES.

1228 Aur. Macrobii Opera. *Par.* 1585. *in* 8.

1229 De la Charlatanerie des Sçavans, trad. *La Haye*, 1721. *in* 12.

1230 Chef d'œuvre d'un Inconnu, par Mathanasius. *Rouen*, 1714. *in* 12.

1231 Voïage de Languedoc, par M. le Franc. *Amst.* 1746. *in* 12.

1232 Le Temple de Gnide par Montesquieu, avec fig. *Par. in* 8.

1233 Relation du Monde de Mercure. *Par.* 1750. 2 *vol. in* 12.

1234 Essais de littérature, par Trublet *Par.* 1737. *in* 12

1235 Histoire des imaginations extravagantes de M. Oufle, par Bordelon. *Par.* 1710. 2 *vol. in* 12.

1236 Le Geomyler, par l'Abbé de Villars. *Paris*, 1729. *in* 12.

1237 Apulejus. *Amst.* 1624. *in* 16. *m. r.*

1238 L'Ane d'or d'Apulée avec le Demon de Socrate, trad. *Par.* 1736. 2 *vol. in* 12.

1239 T. Petronius cum comment. edente Mich. Hadrianide. *Amst.* 1669. *in* 8.

1240 Idem, studio Pet. Burmanni. *Ultraj.* 1709. 2 *v. in* 4.

1241 Satyre de Petrone, trad. par Nodot. *Par.* 1693. 2 *vol. in* 12.

1242 La même lat. & fr. *Rouen*, 1709. 2 *vol. in* 12.

1243 La même, trad. par des Jardins. *Par.* 1742. *in* 12.

1244 Jo. Barclaii Satyricon. *Lugd. Bat. Elzev.* 1637. *in* 12. *m. cit.*

1245 Idem. *Lugd. Bat.* 1674. *in* 8.

1246 Avantures d'Euphormion. *Lyon*, 1701. 3 vol. *in* 12.

1247 Œuvres de Rabelais. *Rouen*, 1659. 2 vol. *in* 12.

1248 Les mêmes avec les notes de Duchat. *Par.* 1732. 5 vol. *in* 12.

1249 Moyen de parvenir. *Paris*, *in* 12.

1250 Aresta amorum cum explanat. Ben. Curtii. *Parif.* 1544. *in* 8.

1251 Le Conte du Tonneau, par Swift, (en Anglois). *Lond.* 1733. *in* 12.

1252 Le même, trad. *La Haye*, 1721. 2 *v. in* 12.

1253 Eloge de la Folie par Erafme, trad. par Gueudeville. *Amft.* 1728. *in* 8.

1254 La fameufe Compagnie de la Lefine ou Alefne, trad de l'Italien. *Par.* 1618. *in* 12.

1255 Réflexions fur les grands hommes qui font morts en plaifantant. *Amft.* 1732. *in* 12.

1256 Traité des Diffentions entre les Nobles & le Peuple, par Swift, trad. *Par.* 1753. *in* 12.

1257 Satyres du P. Cantemir, trad. *Lond.* 1750. *in* 12.

1258 Effai fur le goût par Cartaud de la Vilate. *Par.* 1736. *in* 12.

1259 Caracteres des Auteurs. *Par.* 1704. *in* 12.

1260 Parallele des Anciens & des Modernes, par Perrault. *Par.* 1693. 4 vol. *in* 12.

1261 Apophtegmes des Anciens par d'Ablancourt. *Par.* 1664. *in* 12.

1262 Valerius Maximus. *Amft.* 1630. *in* 16. *m. r.*

1263 Idem cum notis var. ex recenf. Ant. Thyfii. *Lugd. Bat.* 1651. *in* 8.

1264 Perroniana & Thuana. *Par.* 1691. *in* 12.

1265 Eadem. *Col.* 1694. *in* 12.

1266 Scaligerana. *Col.* 1695. *in* 12.

1267 Naudæana & Patiniana. *Par.* 1701. *in* 12.

1268 Efprit de Guy Patin. *Par.* 1709. *in* 12.
1269 Chevræana. *Par.* 1697. 2 *vol. in* 12.
1270 Menagiana *Par.* 1715. 4 *vol. in* 12.
1271 Eadem. *Par.* 1729. 4 *vol. in* 12.
1272 Valefiana. *Par.* 1694. *in* 12.
1273 Carpentariana. *Par.* 1724. *in* 12.
1274 Fureteriana. *Par.* 1696. *in* 12.
1275 Bolæana. *Par.* 1742. *in* 12.
1276 Huetiana. *Par.* 1722. *in* 12.
1277 Parrhafiana. *Amft.* 1699. *in* 12.
1278 Ducatiana. *Amft.* 1738. 2 *vol. in* 12.
1279 Vafconiana. *Par.* 1710. *in* 12.
1280 Poliffoniana. *Par.* 1722. *in* 12.
1281 Anonimiana. *Par.* 1700. *in* 12.
1282 Bons mots des Orientaux, par Galland. *Par.*
      1694. *in* 12.
1283 Penfées ingénieufes des Anciens & des Mo-
      dèrnes, par le P. Bouhours. *Par.* 1722. *in* 12.
1284 Les mêmes. *Par.* 1734. *in* 12.
1285 Elite des bons mots. *Rouen,* 1712. 2 *vol.*
      in 12.
1286 Bibliotheque des gens de Cour , par Gayot
      de Pitaval. *Par.* 1722. 5 *vol. in* 12.

POLYGRAPHES.

1287 Œuvres de Lucien trad. par d'Ablancourt.
      Par. 1688. 3 *vol. in* 12.
1288 Les mêmes. *Par.* 1707. 3 *vol. in* 12.
1289 Traité de l'opinion , par le Gendre de S.
      Aubin. *Par.* 1733. 5 *tom.* 10 *v. in* 12.
1290 Effais de Michel , Seigneur de Montaigne.
      Par. 1652. *in fol.*
1291 Les mêmes avec des notes , par Pierre Cofte.
      Par. 1725. 3 *vol. in* 4.
1292 Les mêmes. *La Haye ,* 1727. 5 *vol. in* 12.

1293 Penſées de Montaigne. *Par.* 1700. *in* 12.

1294 Œuvres de la Mothe le Vayier. *Par.* 1662. 2 *vol. in fol.*

1295 Œuvres diverſes de Balzac. *Par.* 1646. 3 *vol. in* 4. *& in* 8.

1296 Œuvres de Matthieu de Montreuil. *Par.* 1680. *in* 12.

1297 Œuvres de Voiture. *Leyde*, 1654. *in* 8.

1298 Les mêmes. *Par.* 1693. 2 *tom.* 1 *v. in* 12.

1299 Les mêmes. *Par.* 1729. 2 *vol. in* 12.

1300 Œuvres de Sarazin. *Par.* 1658. *in* 12.

1301 Les mêmes. *Par.* 1685. 2 *vol. in* 12.

1302 Œuvres de Scarron. *Par.* 1709, 1733. 11 *vol. in* 12.

1303 Roman comique du même. *Par.* 1733. 3 *vol. in* 12.

1304 Œuvres de Cyrano Bergerac. *Par.* 1676. 2 *vol. in* 12.

1305 Œuvres du P. Rapin. *La Haye*, 1725. 3 *vol. in* 12.

1306 Œuvres galantes de Cotin. *Par.* 1665. 2 *vol. in* 12.

1307 Recueil de pieces galantes de Mad. de la Suze & de Pelliſſon. *Par.* 1674. 4 *vol. in* 12.

1308 Le même. *Lyon*, 1695. 4 *tom.* 2 *vol. in* 12.

1309 Œuvres de S. Real. *Par.* 1730. 5 *vol. in* 12.

1310 Œuvres poſtumes du même. *Par.* 1699. 2 *v. in* 12.

1311 Œuvres de Villedieu. *Par.* 1715. 12 *vol. in* 12.

1312 Les mêmes. *Par.* 1721. 12 *vol. in* 12.

1313 Voyage de Bachaumont & de la Chapelle. *Par.* 1697. *in* 12.

1314 Œuvres mêlées de S. Evremond. *Par.* 1670. 7 *vol. in* 12.

1315 Les mêmes. *Par.* 1706. 5 *vol. in* 12.

1316 Les mêmes. *Par.* 1725. 7 *vol. in* 12.

1317 Œuv. mêlées d'Hamilton. *Par.* 1731. *in* 12.

1318 Les mêmes. *Amst.* 1745. 2 *vol. in* 12.

1319 Œuvres diverses de P. Bayle. *La Haye*, 1727. 4 *vol. in fol.*

1320 Recueil de divers écrits de S. Hyacinthe. *Par.* 1736. *in* 12.

1321 Œuvres de Mad. Durand. *Par.* 1737. 6 *vol. in* 12.

1322 Ouvrages de Rochester, (en Angl.). *Lond.* 1718. *in* 12.

1323 Œuvres d'Alexandre Pope, (en Anglois) 1736. 5 *vol. in* 8.

1324 Œuvres de Fontenelle. *Par.* 1724. 3 *vol. in* 12.

1325 Les mêmes *Par.* 1742 , 1751. 8 *vol. in* 12.

1326 Mélanges de littérature , par M. Dalembert. *Par.* 1753. 2 *vol. in* 12.

1327 Recueil de pieces fugitives. *Rotterd.* 1743. *in* 12.

1328 Diversités curieuses , par Bordelon. *Par.* 1698. 7 *vol. in* 12.

1329 Pieces fugitives , par Archimbaud. *Par.* 1704. 2 *vol. in* 12.

1330 Mélanges d'histoire & de littérature , par Vigneul de Marville. *Par.* 1725. 3 *vol. in* 12.

1331 Mémoires de la Houssaie. *Par.* 1737. 3 *vol. in* 12.

1332 Voïage littéraire de D. Martenne. *Par.* 1717. *in* 4.

1333 Pieces diverses. (Procès de Desfontaines & de Gourné , &c.). *in* 12.

1334 Liasse de pieces diverses , de littérature , nouvelles , &c.

1335 Liasse de Pieces sur différens sujets. *in* 12.

1336 Choix d'histoires , par Feutri. *Par.* 1754. 2 *parties in* 12.

1337 Liasse de pieces sur différens sujets. *in 4.*

1338 Singularités diverses en profe & en vers. *Par.* 1753. *in* 12.

1339 Recueil de Penfées, d'Extraits &c., par ordre alphabet. 2 *portef. mff. in* 4.

1340 Colloques d'Erafme, trad. par Gueudeville. *Leide*, 1720. 5 *vol. in* 12.

1341 Cinq Dialogues d'Oratius Tubero. *Par.* 1673. *in* 12.

1342 Dialogues des Morts, par Fenelon. *Par.* 1721. 2 *vol. in* 12.

1343 Dialogues crit. & phil. de Chartelivri. *Amft.* 1730. *in* 12.

1344 La maniere de bien penfer dans les ouvrages d'efprit, par Bouhours. *Par.* 1691. *in* 12.

1345 Entretiens d'Arifte & d'Eugene, par le même. *Par.* 1691 *in* 12.

1346 Lettres de Pline, trad. par Sacy. *Par.* 1699. *in* 12.

1347 Les mêmes. *Par.* 1721. 3 *vol. in* 12.

1348 Lettres d'Abeillard & d'Héloife, trad. par Gervaife. *Par.* 1723. 2 *vol. in* 12.

1349 Epiftolæ clarorum virorum, ftudio Sim. Abbes Gabbema. *Harlingæ*, 1664. *in* 8.

1350 Lettres d'Arnauld d'Andilli. *Paris*, 1680. *in* 12.

1351 Lettres de Guy Patin & à Ch. Spon. *Rouen*, 1715. *Amft.* 1718. 5 *vol. in* 12.

1352 Lettres de Rouffeau. *Par.* 1749. 3 *vol. in* 12.

1353 Lettres de Rabutin, Comte de Buffi. *Par.* 1720. 7 *vol. in* 12.

1354 Lettres de Sévigné. *Par.* 1728. 2 *vol. in* 12.

1355 Les mêmes. *Par.* 1735. 4 *vol. in* 12.

1356 Suite des mêmes. *Par.* 1751. *in* 12.

1357 Lettres de Bourfault. *Par.* 1709. 3 *vol. in* 12.

1358 Lettres hist. & gal., par Mad. du Noyer. *Trevoux*, 1732. 5 *vol. in* 12.

1359 Lettres galantes. *Par.* 1672. *in* 12.

1360 Lettres d'une Religieuse Portugaise. *in* 12.

1361 Lettres sur les Anglois & les François, & sur les voyages, par Muralt. 1725. *in* 8.

1362 Les mêmes. *Amst.* 1728. *in* 8.

1363 Lettres sur les Anglois, par Voltaire. *Rouen*, 1739. *in* 8.

1364 Les mêmes. 1734. *in* 12.

1365 Les mêmes. 1734. Princesses malabares. 1734. *in* 12.

1366 Lettres écrites de la campagne. *La Haye*, 1721. *in* 12.

1367 Lettres Persannes. *Par.* 1731. 2 *vol. in* 12.

1368 Nouv. Lettres persannes. *Lond.* 1735. *in* 12.

1369 Lettres de Crébillon. *Par.* 1738. *in* 12.

1370 Les mêmes. *Par.* 1739. 2 *vol. in* 12.

1371 Lettres d'une Peruvienne. *in* 12.

1372 Lettres Saxonnes. *Amst.* 1738. *in* 12.

1373 Lettres Moscovites. *Amst.* 1736. *in* 12.

1374 Lettres d'Osman. *Par.* 1753. 3 *vol. in* 12.

HISTOIRE.

GEOGRAPHIE, VOYAGES, &c.

1375 METHODE pour étudier l'Histoire, par Lenglet. *Par.* 1729. 4 *vol. in* 4.

1376 Cluverii Introductio in Geographiam. *Amst.* 1677. *in* 24.

1377 Traité de Géographie, par Duval. *Par.* 1680. *in* 12.

1378 Géographie de la Croix. *Lyon*, 1705. 5 *vol. in* 12.

1379 Géographie des enfans, par Lenglet. *Par.* 1740. *in* 12.

1380 Alphabet géogr. par de la Forest de Bourgon. *Par.* 1709. *in* 12.

1381 Dictionnaire géographique, par Bruzen la Martiniere. *La Haye*, 1726. *& fuiv.* 10 *vol. in fol.* (jufqu'à la lettre T incluf.)

1382 Dictionnaire géographique, par Vofgien. *Par.* 1747. *in* 8.

1383 Nic. Sanfon, in Pharum Galliæ antiquæ Phil. Labbe Difquifitiones. *Par.* 1647. *in* 12.

1384 Ad. Romani Theatrum urbium. *Francof.* 1608. *in* 4.

1385 Defcription du monde, par P. Davity, nouv. edit. par J. B. de Rocoles. *Paris*, 1660. 7 *vol. in fol.*

1386 Atlas de Janffon. *Amft.* 1647. 5 *vol. in fol.*

1387 Recueil de Cartes de Sanfon. *in fol.*

1388 Cartes d'Allemagne. *Par.* 1633. *in fol.*

1389 Atlas de Jaillot, contenant 99 Cartes. *Paris*, 1689. *in fol.*

1390 Atlas de M. de l'Ifle, contenant 79 Cartes. *in fol.*

1391 Porte-feuille de Cartes du même.

1392 Neptune françois. *in fol.*

1393 Introduction à la Géographie, par le Rouge. *Par.* 1748. *in* 4.

1394 Atlas à l'ufage des Officiers. *Amft.* 1734. *in* 4. *obl.*

1395 Lettres fur les Voyages. *in* 12.

1396 Hiftoire générale des Voyages, par M. l'Ab-bé Prevoft. *Par.* 1746. *& fuiv.* 20 *vol. in* 12.

1397 Voyages de Monconys. *Amft.* 1695. 5 *vol. in* 12.

1398 Voyages de Jean Struys en Mofcovie, &c. *Rouen*, 1718. 3 *vol. in* 12.

1399

1399 Voyages de J. B. Tavernier. *Rouen*, 1713.
6 *vol. in* 12.

1400 Voyage autour du Monde, par Woodes Rogers. *Rouen*, 1725. 3 *vol. in* 12.

1401 Voyage de Thevenot. *Amst.* 1727. 5 *vol. in* 12.

1402 Voyage hist. de l'Europe. *Par.* 1708. 8 *vol. in* 12.

1403 Nouveau Voyage de France. *Paris*, 1723. *in* 12.

1404 Voyage d'Italie, de Dalmatie, &c. par Spon & Wheler. *Amst.* 1669. 2 *vol. in* 12.

1405 Voyage d'Italie, par Misson. *La Haye*, 1702. 3 *vol. in* 12.

1406 Lettres sur l'état d'Italie en 1687. par Burnet. *Colog.* 1688. *in* 12.

1407 Voyage en Italie, par Gabriel d'Emilliane. *Rotterd.* 1697. 2 *vol. in* 12.

1408 Voyage histor. d'Italie, par Merville. *La Haye*, 1729. 2 *vol. in* 12.

1409 Relation d'un Voyage d'Espagne. *Par.* 1654. *in* 12.

1410 Voyage d'Espagne à Bender, par Bellerive. *Par.* 1721. *in* 12.

1411 Voyages de M. des Hayes en Dannemarc. *Par.* 1664. *in* 12.

1412 Voyage en Dannemarc. *Rotterd.* 1707. 2 *vol. in* 12.

1413 Voyage vers le Septentrion. *Amst.* 1708. *in* 12.

1414 Voyage au Levant, par Corn. le Brun. *Amst.* 1714. *in fol. G. P.*

1415 Voyages de le Brun aux Indes orientales. *Amst.* 1718. 2 *vol. in fol.*

1416 Voyage de Paul Lucas dans la Turquie, &c. *Rouen*, 1724. 3 *vol. in* 12.

K

1417 Voyage d'Alep à Jerufalem, par Maundrell. *Utrecht,* 1705. *in* 12.

1418 Voyages de Pietro della Vallé. *Par.* 1664. 4 *vol. in* 4.

1419 Voyages de Chardin en Perfe. *Rouen,* 1723. 3 *vol. in* 12.

1420 Recueil des Voyages aux Indes orientales, & de Schouten. *Rouen,* 1725. 12 *vol. in* 12.

1421 Journal d'un Voyage aux Indes orientales. *Amft.* 1721. 3 *vol. in* 12.

1422 Voyage de Luillier aux grandes Indes. *Par.* 1705. *in* 12.

1423 Voyages aux Indes orientales, par Albert de Mandelflo, trad. par de Wicquefort. *Amft.* 1727. 2 *tom.* 1 *vol. in fol.*

1424 Voyages en Mofcovie, par Olearius, trad. par de Wicquefort. *Amft.* 1727. 2 *tom.* 1 *vol. in fol.*

1425 Voyage aux Indes orientales en 1743. & 1744. *in* 4. *mff.*

1426 Voyage de Siam, par Choify. *Par.* 1687. *in* 4. *m. r.*

1427 Second Voyage de Tachard. *Par.* 1689. *in* 4.

1428 Voyage de des Marchais en Guinée, par Labat. *Par.* 1730. 4 *vol. in* 12.

1429 Hiftoire des voyages & conquêtes des Caftillans dans les Indes occidentales, par Ant. Herrera, trad. par Nic. de la Cofte. *Par.* 1660. 2 *vol. in* 4.

1430 Th. Spizelii Relatio de repertis in Americâ Tribubus Ifraëliticis. *Baf.* 1661. *in* 8.

1431 Voyages de Thomas Gage. *Trévoux,* 1720. 2 *vol. in* 12.

1432 Voyages de Coréal aux Indes occidentales. *Amft.* 1722. 3 *vol. in* 12.

1433 Voyage de la Hontan. *Rouen,* 1703. 2 *vol. in* 12.

1434 Les mêmes. *La Haye*, 1706. 2 vol. *in* 12.

1435 Relation du voyage du Port Royal de l'Aca-
die. *Amst.* 1710. *in* 12.

1436 Voyage aux Isles de l'Amérique, par Labat.
Par. 1722. 6 vol. *in* 12.

1437 Voyage de M. de Gennes au détroit de Ma-
gellan, par Froger. *Par.* 1699. *in* 12.

1438 Relation de la mer du Sud, par Frezier. *Amst.*
1717. 2 vol. *in* 12.

1439 Relation de l'Amérique avec un Journal de
la Barre. *Par.* 1671. 2 *vol. in* 12.

1440 Voyage du pays des Hurons, par Gab. Sagard.
Par. 1632. *in* 8.

1441 Voyage de M. de la Sale au Golfe du Mexi-
que. *Paris*, 1713. *in* 12.

1442 Histoire des Sevarambes. *Amst.* 1716. 2 *vol.*
in 12.

1443 Avantures de Robinson. *Rouen*, 1720, 2
vol. in 12.

1444 Les mêmes. *Amst.* 1743. 3 *vol. in* 12.

1445 Voyages de Gulliver, par Swift. *Par.* 1727.
2 *vol. in* 12.

1446 Voyages de Jean Gulliver, par Desfontai-
nes. *Par.* 1730. 2 *vol. in* 12.

1447 Voyages de Boyle. *Amsterdam*, 1730. 2 *vol.*
in 12.

1448 Les mêmes. *Amst.* 1732. *in* 12.

1449 Voyage du Pole arctique au Pole antarctique
par le centre du monde. *Par.* 1723. *in* 12.

CHRONOLOGIE, HIST. UNIV. &c.

1450 Tables chronologiques de M. de l'Isle. *in fol.*
magno.

1451 Tablettes chronol. de l'Histoire universelle,
par Lenglet. *Par.* 1744. 2 *vol. in* 8.

1452 Chronologie de Newton, trad. par Granet. *Par.* 1728. *in* 4.

1453 Phil. Lanfbergii Chronologia facra. *Middelb.* 1625. *in* 4.

1454 Tables chronogr. de l'état du Chriftianifme, par Gaultier. *Lyon*, 1621. *in fol.*

1455 Entretiens fur l'Hiftoire de l'Univers. *Par.* 1690. 2 *vol. in* 12.

1456 Etats & Empires du monde, par Thevet. *Par.* 1619. *in* 4.

1457 Juftinus cum var. obfervat. ex recenf. Ant. Thyfii. *Lugd. Bat.* 1650. *in* 8.

1458 Hiftoire de Juftin, trad. *Par.* 1693. 2 *vol. in* 12.

1459 Dion. Petavii Rationarium temporum. *Par.* 1633. 2 *vol. in* 12.

1460 Abrégé de l'alliance chronologique, par le P. Labbe. *Par.* 1664. *in* 4.

1461 Hiftoire univerfelle, trad. de l'Anglois. *Amft.* 1742. 3 *vol. in* 4.

1462 Hiftoire univerfelle, par D. Calmet. *Strasbourg*, 1735. 7 *vol. in* 4.

1463 Hiftoire du Monde, par Chevreau. *Paris*, 1717. 8 *vol. in* 12.

1464 Introduction à l'Hiftoire de l'Univers, par de Pufendorf. *Trevoux*, 1722. 7 *vol. in* 12.

1465 La même. *Amft.* 1738. 9 *vol. in* 12.

1466 Difcours fur l'Hiftoire univerfelle, par Boffuet. *Par.* 1724. 2 *vol. in* 12.

1467 Le même. *Par.* 1737. 2 *vol. in* 12.

1468 Joan. Marshami Canon chronicus, ægyptiacus, hebraïcus, græcus. *Lipfiæ*, 1676. *in* 4.

1469 Atlas hiftorique, par Gueudeville. *Amft.* 1721. 7 *vol. in fol.*

1470 Pauli Jovii Hiftoria fui temporis. *Lugd.* 1561. 3 *vol. in* 12.

1471 Abrégé de l'Histoire universelle , par Voltaire. *Par.* 1753. 2 *vol. in* 12.

1472 Histoire chronologique du dernier siecle. *Par.* 1715. *in* 12.

1473 Histoire abrégée du siecle courant, depuis 1600. jusq. 1686. par de Chasan. *Par.* 1687. *in* 12.

1474 Mémoires pour servir à l'Histoire universelle de l'Europe, depuis 1600. jusq. 1716. par Davrigny. *Par.* 1725. 4 *vol. in* 12.

1475 Espion turc , par Marana. *Rouen ,* 1715. 6 *vol. in* 12.

1476 Gazettes de France , par Renaudot, depuis 1632. jusq. 1731. *Paris ,* 1632. *& suiv.* 67 *vol. in* 4. (manq. 1633. 34. 35.. 37. 40. 42. 49. 50. 51. 53. 54. 55. 56. 58. 62. 64. 65. 69. 71. 72. 74. 75. ══ 82. 84. 85. 87.)

1477 Mercure historique & politique , depuis Nov. 1686. jusq. Juin 1738. *La Haye ,* 1686. *& suiv.* 108 *vol. in* 12.

1478 Lettres historiques, depuis 1692. jusqu'en Juin 1728. *La Haye ,* 1692. *& suiv.* 73 *vol. in* 12.

1479 La Clef du cabinet des Princes , depuis Juillet 1704. jusq. Juin 1732. *Luxembourg ,* 1704. *& suiv.* 58 *vol. in* 12.

1480 Etat politique de l'Europe. *La Haye ,* 1738. *& suiv.* 10 *vol. in* 12.

1481 Mémoires de Pollnitz. *Amst.* 1735. 2 *vol. in* 12.

1482 Mémoires sur l'origine des guerres de l'Europe , par Linage de Vauciennes. *Col.* 1678. 2 *tom.* 1 *vol. in* 12.

1483 Æg. Bucherius in Victorii Canonem paschalem. *Ant.* 1633. *in fol.*

1484 Le Disciple des Tems, par la Peyre. *Par.* 1631. *in* 8.

1485 Hiſtoire du Calendrier romain , par Fr. Blondel. *Par.* 1682. *in* 4.

1486 Faſtorum Calendarium, ſtudio Sibr. Siccamæ. *Amſt.* 1600. *in* 4.

1487 Faſtes des anciens Hébreux , Grecs & Romains , par N. Vignier. *Par.* 1588. *in* 4.

HISTOIRE ECCLESIASTIQUE.

1488 Hiſtoire du Peuple de Dieu , par le P. Berruyer. *Par.* 1728. 7 *vol. in* 4.

1489 Mœurs des Iſraëlites , par Cl. Fleury. *Par.* 1681. *in* 12.

1490 La Vie de Salomon , par Choiſy. *Par.* 1687. *in* 8.

1491 Cérémonies & Coûtumes religieuſes des Peuples du monde , avec les fig. de Picard. *Amſt.* 1723. *& ſuiv.* 7 *vol. in fol.*

1492 Annales de l'Egliſe , par Cl. Villette. *Par.* 1616. *in* 4.

1493 Anecdotes eccléſiaſtiques , par Giannone. *Amſt.* 1738. *in* 12.

1494 Diſcours (neuf) ſur l'Hiſtoire eccléſiaſtique , par Fleury. *Par.* 1724. 3 *vol. in* 12.

1495 Abrégé de l'Hiſtoire eccléſiaſtique , par l'Abbé Racine. *Par.* 1752. *& ſuiv.* 13 *vol. in* 12.

1496 Abrégé chronol. de l'Hiſtoire eccléſiaſtique , par Macquer. *Par.* 1751. 2 *vol. in* 8.

1497 Journal de M. d'Orſanne. *Amſt.* 1753. 6 *vol. in* 12.

1498 Hiſtoire du Concile de Trente de fra Paolo Sarpi , trad. par Amelot de la Houſſaie. *Amſt.* 1704. *in* 4.

1499 La même. *Amſt.* 1713. *in* 4.

1500 Défenſe de la trad. du Concile de Trente , par le P. le Couroyer. *Amſt.* 1742. *in* 12.

1501 Hiftoire des Conclaves. *Lyon,* 1691. 2 *vol. in* 12.

1502 Alf. Ciaconii Vitæ Pontificum rom. *Roma,* 1630. 2 *vol. in fol.*

1503 Hiftoire des Papes, par André du Chefne. *Par.* 1645. *in fol.*

1504 Hiftoire des Papes. *Lyon,* 1672. *in* 12.

1505 Vie d'Alexandre VI, par Gordon. *Amft.* 1732. 2 *vol. in* 12.

1506 Maximes polit. de Paul III. par Aymon. *La Haye,* 1716. *in* 12.

1507 Hiftoire de la Vie de Sixte V. par Leti, trad. 1698. 2 *tom.* 1 *vol. in* 12.

1508 La même. *Par.* 1731. 2 *vol. in* 12.

1509 Hiftoire des Jéfuites. *Utrecht.* 1741. 4 *tom.* 2 *vol. in* 12.

1510 Recueil de pieces fur les filles de l'Enfance. *Rouen,* 1718. 2 *tom.* 1 *vol. in* 12.

1511 Mémoires de G. Juliard. *Rouen,* 1735. *in* 12.

1512 Fr. Mennenii Deliciæ equeftrium ordinum. *Col.* 1613. *in* 8.

1513 Hiftoire de Malte, par Vertot. *Par.* 1726. 4 *vol. in* 4. *G. P.*

1514 Recherches hift. de l'Ordre du S. Efprit, par Fr. du Chefne. *Par.* 1710. 2 *vol. in* 12.

1515 Theod. Ruinart Hiftoria perfecutionis Vandalicæ. *Par.* 1694. *in* 8. *m. r.*

1516 Supplément au Sermon de S. Polycarpe, par Faydit. *in* 12.

1517 Hiftoires de Maimbourg. *Par.* 1682. 19 *vol. in* 12. (manq. les Pontificats, l'Eglife de Rome.)

1518 Hiftoires de l'Arianifme, du Schifme d'Occident, de la décadence de l'Empire, du Calvinifme, par le même. *Paris,* 1673. *& fuiv.* 5 *vol. in* 4.

1519 Histoires des hérésies, par Varillas. *Paris ;* 1686. *6 vol. in* 4.

1520 Réponse de Varillas à Burnet. *Paris,* 1687. *in* 8. *m. r.*

1521 Sommaire de l'Histoire de la guerre contre les Albigeois, par du Tillet. *Par.* 1590. *in* 8.

1522 Histoire des Croisades contre les Albigeois, par le P. Langlois. *Par.* 1703. *in* 12.

1523 Histoire de l'Edit de Nantes, par Benoist. *Delft.* 1693. *5 vol. in* 4.

1524 Histoire du Fanatisme, par Brueys. *Paris,* 1702. *in* 12.

1525 Histoire des Anabaptistes, par le P. Catrou. *Par.* 1706. *in* 4.

1526 Histoire de l'Inquisition & de son origine, par Marsollier. 1693. *in* 12.

HISTOIRE DES JUIFS, DES GRECS, &c.

1527 Histoire ancienne, par Rollin. *Par.* 1731. *& suiv.* 10 *tom.* 12 *vol. in* 12.

1528 La même. *Par.* 1737. *& suiv.* 13 *tom.* 14 *vol. in* 12.

1529 Histoire des Juifs, par Prideaux. *Par.* 1726. 7 *vol. in* 12.

1530 Histoire des Juifs, par Joseph, trad. par Arnauld d'Andilly. *Amst.* 1700. *in fol. fig. G. P.*

1531 Histoire de la Religion des Juifs, par Basnage. *Rotterd.* 1707. 7 *vol. in* 12.

1532 Pausanias, trad. par Gedoyn. *Par.* 1731. 2 *vol. in* 4.

1533 Histoires d'Herodote, trad. par du Ryer. *Par.* 1714. 3 *vol. in* 12.

1534 Leonidas (Histoire tirée du septieme livre d'Herodote). trad. du Hollandois de Harem. *La Haye,* 1742. *in* 8.

1535 Hiſtoire de Thucydide, trad. par d'Ablancourt. *Par.* 1714. 3 *vol. in* 12.

1536 La Cyropædie, par Xenophon, trad. par Charpentier. *La Haye*, 1732. *in* 12.

1537 Les Voyages de Cyrus, par Ramſay. *Par.* 1727. 2 *vol. in* 8.

1538 Le Repos de Cyrus, par Pernetty. *Par.* 1732. *in* 8.

1539 Hiſtoire de Cyrus le Jeune, par l'Abbé Pagi. *Par.* 1736. *in* 12.

1540 Hiſtoire de Diodore de Sicile, trad. par Terraſſon. *Par.* 1737. 2 *vol. in* 12.

1541 Guerres d'Alexandre, par Arrian, trad. par d'Ablancourt. *Par.* 1664. *in* 12.

1542 Q. Curtii Hiſtoria Alexandri M. cum notis Var. edente Corn. Schrevelio. *Amſt.* 1663. *in* 8.

1543 Eadem cum notis Sam. Pitiſci. *Ultraj.* 1685. *in* 8.

1544 Quinte-Curce trad. par Vaugelas. *Par.* 1680. 2 *vol. in* 12.

1545 Hiſtoire romaine, par Coeffeteau. *Par.* 1621. *in fol.*

1546 Hiſt. rom., par Echard. *Par.* 1728. 6 *v. in* 12.

1547 La même. *Par.* 1734. 12 *vol. in* 12.

1548 Hiſtoire romaine, par Rollin & Crevier. *Par.* 1738. & *ſuiv.* 16 *vol. in* 12.

1549 Hiſtoire des révolutions romaines, par Vertot. *Par.* 1719. 3 *vol. in* 12.

1550 Les mêmes. *Par.* 1720. 3 *vol. in* 12.

1551 Hiſtoires de Polybe, trad. par P. du Ryer. *Par.* 1670. 3 *vol. in* 12.

1552 Hiſtoire de Polybe, trad. par D. Thuillier avec les comment. de M. de Folard. *Par.* 1727. 6 *vol. in* 4.

1553 Dion. Halicarnaſſei Antiquitates romanæ. *Lugd.* 1561. *in* 12.

L

1554 T. Livii Hiftoria cum notis Jo. Dujatii, ad ufum Delphini. *Par.* 1679. 6 *vol. in* 4.

1555 Appian Alexandrin, trad. par Cl. de Seyffel, *Par.* 1580. *in fol.*

1556 C. Salluftii Opera cum notis variorum ex recenf. Ant. Thyfii *Lugd. Bat.* 1659. *in* 8.

1557 Sallufte, trad. *Par.* 1701. *in* 12.

1558 C. Julii Cæfaris Opera, cum notis Var. ftudio Arn. Montani. *Amft.* 1661. *in* 8.

1559 Eadem. *Amft.* 1664. *in* 16. *m. r.*

1560 Commentaires de Cefar trad. par d'Ablancourt. *Par.* 1650. *in* 4.

1561 Les mêmes *Par.* 1714. 2 *vol. in* 12.

1562 Hiftoire des deux Triumvirats. *Par.* 1683. 3 *vol. in* 12.

1563 La même. *Amft.* 1720. 3 *vol. in* 12.

1564 Hiftoire d'Augufte, par Larrey. *Par.* 1686. *in* 12.

1565 Hiftoire de Ciceron, par Prevoft. *Par.* 1743. 5 *vol. in* 12.

1566 Hiftoire des quatre Cicerons. *Par.* 1714. *in* 12.

1567 Tacitus. *Lugd. Bat.* 1634. 2 *vol. in* 12. *mar. bl.*

1568 Idem. *Amft.* 1649. *in* 24.

1569 Idem cum notis variorum ex recenf. Jo. Fr. Gronovii. *Amft.* 1685. 2 *vol. in* 8.

1570 Œuvres de Tacite, trad. par d'Ablancourt. *Par.* 1681. 3 *vol. in* 12.

1571 Les mêmes, trad. avec des notes, par Amelot. *Rouen,* 1724. *La Haye,* 1731. 10 *vol. in* 12.

1572 Tibere : Difcours fur Tacite, par Amelot de la Houffaie. *Amft.* 1683. *in* 4.

1573 La Morale de Tacite, de la flatterie, par Amelot. *Par.* 1686. *in* 12.

1574 Difcours fur Tacite, par Gordon, trad. *Amft.* 1742. 2 *vol. in* 12.

1575 Trad. de quelques ouvrages de Tacite, par de la Bleterie. *Par.* 1755. 2 *vol. in* 12.

1576 Suetonius. *Amst.* 1621 *in* 24.

1577 Idem. *Par. Typ. Reg.* 1644. *in* 12. *m. r.*

1578 Idem cum comm. Joan. Schildii. *Lugd. Bat.* 1667. *in* 8.

1579 Suetone, trad. par du Teil. *Par.* 1700. *in* 12.

1580 Vellejus Paterculus. *Amst.* 1664. *in* 12.

1581 Florus. *Lugd. Bat. Elzev.* 1638. *in* 12. *m. r.*

1582 Epitome de Florus, trad. par la Mothe le Vayer. *Par.* 1656. *in* 8.

1583 Dionis Nicæi Historia gr. lat. ex versione Henr. Stephani. *Idem.* 2 *vol. in* 8.

1584 Ammiani Marcellini Historia, ex edit. Henr. Valesii. *Par.* 1681. *in fol.*

1585 Histoire d'Ammian Marcellin, trad. par Marolles. *Par.* 1672. 3 *vol. in* 12.

1586 Eutropii Breviarium historiæ romanæ. *Oxonii.* 1703. *in* 8.

1587 Les Cesars de Julien, trad. avec des notes, par Spanheim, avec les fig. de Picart. *Amst.* 1728 *in* 4.

1588 Vie de Julien, par de la Bleterie. *Par.* 1746. *in* 12.

1589 Histoire de Jovien par de la Bleterie. *Par.* 1748. 2 *vol. in* 12.

1590 Vie de Cassiodore, par Ste. Marthe. *Paris,* 1694. *in* 12. *m. r.*

1591 Explication des coutumes & ceremonies des Romains, par Nieuport, trad. par Desfontaines. *Par.* 1741. *in* 12.

1592 Des Mœurs & Usages des Romains. *Par.* 1739. *in* 12.

1593 Considérations sur la grandeur des Romains. *Par.* 1735. *in* 12.

1594 Discours de la Religion des anciens Romains, par du Choul. *Lyon*, 1580. *in* 4.

1595 Funérailles des Anciens, par Cl. Guichard. *Lyon*, 1581. *in* 4.

1596 Histoire des guerres d'Italie, par Guicciardin, trad. par Chomedey. *Par.* 1612. *in fol.*

1597 Ritratto di Roma antica e moderna. *In Roma.* 1652. 2 *vol. in* 8.

1598 Mercurio delle grandezze di Roma, di Pietro Rossini. *In Roma.* 1732. *in* 12.

1599 Traité des Antiquités de Rome, Ital. & Fr., par Pinaroli. *Rome*, 1725. 3 *vol. in* 12.

1600 Splendore dell'antica e moderna Roma, da Suizzero. *Roma*, 1641. *in fol.*

1601 Basilica di S. Pietro di Roma. 1684. *in fol.*

1602 Instructions données par le Pape à ses Nonces en 1621. *mss. in* 4.

1603 Conjuration de Rienzi, par le P. du Cerceau. *Par.* 1733. *in* 12.

1604 Observations sur les antiquités de la Ville d'Herculanum, par M. Cochin. *Par.* 1754. *in* 12.

1605 Défense de la Monarchie de Sicile, par Dupin. *Par.* 1716. *in* 12.

1606 Anecdotes de Florence, par Varillas. *La Haye*, 1687. *in* 12.

1607 Œuvres de Machiavel. *Amst.* 1698. 5 *vol. in* 12.

1608 La Toscane françoise, par J. B. l'Hermite. *Par.* 1601. *in* 4.

1609 Historia di Veneta di Batt. Nani. *Venet.* 1586. *in* 4.

1610 Histoire de Venise, par Nani, trad. par Tallemand. *Par.* 1679. 3 *vol. in* 12.

1611 Histoire du gouvernement de Venise, par Amelot de la Houssaie. *Par.* 1676. *in* 8.

1612 Examen de la liberté de Venise. === Congiura

de Fieſchi , da Maſcardi. ▬ Abdication du Roi
de Sardaigne. *in* 8.

1613 Politique civ. & mil. des Venitiens. *Col.*
1669. *in* 12.

1614 Hiſtoire de la république de Genes , par de
Mailli. *Par.* 1696. 3 *vol. in* 12.

1615 Hiſtoire des révolutions de Genes , juſq.
1748. *Par.* 1750. 3 *vol. in* 12.

1616 Vie de Caſtruccio Caſtracani , par Dreux du
Radier. *Par.* 1753. *in* 8.

1617 Abregé de l'Hiſtoire de la Maiſon de Savoie ,
par Blanc. *Lyon* , 1677. 3 *vol. in* 12.

1618 Lettre ſur le titre d'Alteſſe roïale du Duc de
Savoie. *Colog.* 1701. *in* 12.

1619 Deſcription du Roïaume de Sardaigne. *La*
Haye , 1725. *in* 12.

1620 Hiſtoire de Geneve , par Spon , augm. *Ge-*
neve. 1730. 2 *vol. in* 4.

HISTOIRE DE FRANCE.

1621 Bibliotheque des auteurs de l'Hiſt. de Fran-
ce , par Ducheſne. *Par.* 1718. ▬ Mémoires de
la Haye , Baron des Couraulx. *in* 8.

1622 Iſagoge in notitiam Hiſtoriæ gallicæ , ſtudio
Jo. Alb. Fabricii. *Hamb.* 1708. *in* 8.

1623 Bibliotheque hiſt. de la France , par le P.
le Long. *Par.* 1719. *in fol.*

1624 Mart. Zeilleri Topographia Galliæ. *Francof.*
1655. 4 *vol. in fol. fig.*

1625 Théâtre géograph. de la France. *in fol.*

1626 Plans & Cartes des Villes de France , par de
Baulieu. 2 *vol. in* 4. *obl.*

1627 Les Côtes de France , par de Fer. *in* 4.

1628 Nouv. Découvertes ſur l'état de l'anc. Gaule
du tems de Céſar, par de Mandajors. *Par.* 1696.
in 12.

1629 Defcription de la France, par Piganiol de la Force. *Amft.* 1719. *6 vol. in* 12.

1630 Dénombrement du Royaume. *Par.* 1720. *in* 4.

1631 Etat de la France, par Boulainvilliers. *Lcndres,* 1728. *3 vol. in fol.*

1632 Antiquités de la France, par du Chefne. *Par.* 1609. *in* 8.

1633 Etat des Archev. Ev. &c. de France, avec les blafons enluminés, par Chevillard. *in* 4.

1634 Recueil des Bénéfices de France, par le Pelletier. *Par.* 1690. *in* 12. *m. r.*

1635 Hiftoire eccléf. de la Cour, par du Peyrat. *Par.* 1645. *in fol.*

1636 Hiftoire des Gaules, par D. Jacq. Martin. *Par.* 1752. *in* 4. *tom.* 1.

1637 La Religion des Gaulois, par D. Jacq. Martin. *Par.* 1727. *2 vol. in* 4.

1638 Scip. Maffei Antiquitates Galliæ. *Par.* 1733. *in* 4.

1639 Jo. If. Pontani Origines francicæ. *Hardervici,* 1616. *in* 4.

1640 Pet. Ramus de moribus veterum Gallorum. *Par.* 1562. *in* 8.

1641 L'Origine des François & de leur empire, par Audigier. *Par.* 1676. *2 vol. in* 12.

1642 Hiftoire critique de l'établiffement de la Monarchie françoife dans les Gaules, par J. B. Dubos. *Par.* 1734. *3 vol. in* 4.

1643 L'Empire françois, par Turquoys. *Orléans,* 1651. *in fol.*

1644 And. Sylvii fynopfis Hiftoriæ franco-merovingicæ. *Duaci,* 1633. *in* 4.

1645 Hiftoire des François par S. Grégoire de Tours, trad. par de Marolles. *Par.* 1668. *2 vol. in* 8.

1646 Aimoini Historia Francorum. *Par.* 1567. *in* 8.

1647 Pauli Æmilii Historia. *Lut.* 1550. *in fol.*

1648 Historiæ Francorum Scriptores, ex Bib. Pithoei. *Francof.* 1596. *in fol.*

1649 Historiæ Francorum Scriptores, studio And. du Chesne. *Par.* 1636. *& seq.* 5 *vol. in fol.*

1650 Had. Valesii Res francicæ. *Par.* 1646. *in fol.*

1651 Chroniques de France jusqu'à Louis XI. par Nic. Gilles. *Par.* 1566. *in fol.*

1652 Les mêmes, contin. par Fr. de Belleforest & Gab. Chappuys. *Par.* 1600. *in fol.*

1653 Histoire de France, par de Cordemoy. *Par.* 1685. 2 *vol. in fol.* G. P.

1654 Annales Regum Francorum ab an. 741. ad an. 829. *Col.* 1561. *in* 12.

1655 Præclara Francorum facinora ab an. 1200. ad an. 1311. *in* 8. *goth.*

1656 Histoire de France, par de Girard sieur du Haillan. *Geneve*, 1580. 2 *vol. in* 8.

1657 Sommaire de l'Histoire des François, par Nic. Vignier. *Par.* 1579. *in fol.*

1658 Recueil des Rois de France, par du Tillet. *Par.* 1607. *in* 4.

1659 Le même. *Par.* 1618. *in* 4.

1660 Recherches d'Est. Pasquier. *Par.* 1617. *in* 4.

1661 Les mêmes. *Orléans*, 1665. *in fol.*

1662 Nic. des Carneaux, de gestis Regum Galliæ. *Par.* 1617. *in* 8.

1663 Pap. Massoni Annales. *Par.* 1577. *in* 4.

1664 Iidem. *Lutet.* 1578. *in* 8.

1665 Histoire de France, par Piguerre. *Paris*, 1581. *in fol.*

1666 Histoire de France, par Fr. Eudes de Mezeray. *Par. Guillemot* 1643. 3 *vol. in fol.*

1667 Abrégé de la précédente Histoire. *Par.* 1676. 8 *vol. in* 12.

1668 Le même. *Amst.* 1696. avec la suite par Limiers. *Rouen*, 1722. 9 *vol. in* 12.

1669 Mémoires hist. & critiques, par Mezeray. *Amst.* 1732. *in* 12.

1670 Histoire de France, par le P. Daniel. *Paris*, 1729. 10 *vol. in* 4.

1671 Abrégé de la même. *Par.* 1724. 9 *vol. in* 12.

1672 Nouv. Histoire de France, par L. le Gendre. *Par.* 1718. 3 *vol. in fol.*

1673 Annales de la Monarchie françoise, par Limiers. *Amst.* 1724. *in fol.*

1674 Histoire de l'origine & des progrès de la Monarchie françoise, par Marcel. *Par.* 1686. 4 *vol. in* 12.

1675 Histoire de France, par Chalons. *Par.* 1741. 3 *vol. in* 12.

1676 Abrégé de l'Hist. de France, par Brianville. *Par.* 1667. *in* 12.

1677 Mémoires abrégés de l'Histoire de France, par Boulainvilliers. *Mss.* 3 *vol. in fol.*

1678 Nouv. Abrégé de l'Histoire de France, par M. le Préf. Hénault. *Par.* 1749. 2 *vol. in* 8.

1679 Histoire de France, par Velly. *Par.* 1755. 2 *vol. in* 12.

1680 Mich. Ritius de Regibus Francorum. *Par.* 1507. *in* 8.

1681 Généalogies, Effigies des Rois de France, par Jehan Bouchet. *Poitiers*, 1545. *in fol.*

1682 Les Rois de France, par Ch. de Flavigny. *Par.* 1593. *in* 8.

1683 Mémoires de S. Remy. *La Haye*, 1716. 2 *vol. in* 12.

1684 Histoire des révolutions de France, par de la Hode. *La Haye*, 1738. 4 *vol. in* 12.

1685 Les mémorables journées des François. *Par.* 1682. 2 *vol. in* 12.

1686

1686 God. Henſchenius de tribus Dagobertis. *Ant.* 1655. *in* 4.

1687 Jo. Jac. Chiffletii Anaſtaſis Childerici I. *Ant.* 1655. *in* 4.

1688 Diſcours hiſt. concernant le mariage d'Anſbert & de Blithilde, par Chantereau le Febvre. *Par.* 1647. *in* 4.

1689 M. Ant. Dominicy familia Anſberti rediviva. *Par.* 1648. *in* 4.

1690 Hiſtoire de Charlemagne, par de la Bruere. *Paris.*, 1745. 2 *vol. in* 12. *G. P.*

1691 Hiſtoire de Suger, par Gervaiſe. *Par.* 1721. 3 *vol. in* 12.

1692 Hiſtoire de S. Loÿs, par Joinville, donnée par Menard. *Par.* 1617. *in* 4.

1693 Hiſtoire de S. Louis, par la Chaize. *Brux.* 1688. 2 *vol. in* 12.

1694 Minorité de S. Louis, par Varillas. *La Haye*, 1687. *in* 12.

1695 Hiſtoire de Ville - Hardouin. *Par.* 1584. *in* 4.

1696 Hiſtoire des démêlés du P. Boniface VIII & de Philippe-le-Bel, par Baillet. *Paris*, 1718. *in* 12.

1697 Hiſtoire de Philippe Auguſte, par Baudot de Juilly. *Par.* 1702. 2 *vol. in* 12.

1698 Hiſtoire de Bertrand du Gueſclin, par Paul Hay du Chaſtelet. *Par.* 1666. *in fol.*

1699 Chroniques de France, &c. par Jehan Froiſſart. *Par.* 1505. 3 *vol. in fol.*

1700 Chroniques d'Enguerran de Monſtrelet. *Par.* 1572. 3 *tom.* 2 *vol. in fol.*

1701 Hiſtoire de Jean de Boucicaut, donnée par Th. Godefroy. *Par.* 1620. *in* 4.

1702 Hiſtoire du Mar. de Boucicaut. *Par.* 1697. *in* 12.

M

1703 Hiftoire de Charles VI, par Jean Juvenal des Urfins , donnée par Th. Godefroy. *Par.* 1614. *in* 4.

1704 Hiftoire de Charles VI , par J. le Laboureur. *Par.* 1663. 2 *vol. in fol.*

1705 Traité des Genois avec Charles VI en 1392. *in fol. Mf.*

1706 Hiftoire de Charles VII , par Jean Chartier , donnée par Denys Godefroy. *Par.* 1661. *in fol.*

1707 Le Vergier d'Honneur , par Octavien de S. Gelais. *in* 4. *goth.*

1708 Vigilles du Roi Charles VII , par Marcial de Paris , dit d'Auvergne. *Par. in* 4 *goth.*

1709 Hiftoire du fiége d'Orléans & de la Pucelle Jeanne , par Dubreton. *Par.* 1631. *in* 8.

1710 Mémoires fecrets de la Cour de Charles VII, par Mad. Daulnoy. *Paris,* 1734. 2 *tom.* 1 *vol. in* 12.

1711 Mémoires de Comines. *Brux.* 1706. 3 *vol. in* 8.

1712 Les mêmes , avec les augment. de Godefroy. *Par.* 1714. 4 *vol. in* 8.

1713 Les mêmes. *Brux.* 1723. 5 *vol. in* 8.

1714 Chronique fcandaleufe de Louis XI. *Paris,* 1620. *in* 8.

1715 Cabinet du Roi Louis XI. *Par.* 1661. *in* 12.

1716 Hiftoire de Louis XI , par Matthieu. *Paris,* 1620. *in* 4.

1717 Hiftoire de Louis XI , avec les preuves , par Duclos. *Par.* 1745. 1746. 4 *vol. in* 12.

1718 Hiftoire de Charles VIII , par Guill. de Jaligny , &c. avec les addit. de Godefroy. *Paris,* 1684. *in fol.*

1719 Hiftoire de Bayard , par Aimar. *Lyon ,* 1699. *in* 12.

1720 Hiftoire du Card. d'Amboife , par Baudier. *Par.* 1634. *in* 4.

1721 Vie du Card. d'Amboife, par le Gendre. *Rouen*, 1726. 2 *vol. in* 12.

1722 Hiftoire de la Ligue de Cambray, par Dubos. *Par.* 1709. 2 *vol. in* 12.

1723 La même. *Par.* 1728. 2 *vol. in* 12.

1724 Prud. de Sandoval, & Lud. de Cabrera, Hiftoria captivitatis Francifci I. *Mediol.* 1715. *in* 12.

1725 Mémoires de du Bellay. *Par.* 1588. *in fol.*

1726 Epîtres de Rabelais, avec les obferv. de Sainte Marthe. *Par.* 1651. *in* 8.

1727 Th. Cormerii Res geftæ Henrici II. *Paris*, 1584. *in* 4.

1728 Commentaires des guerres en la Gaule Belgique, par Fr. de Rabutin. *Par.* 1555. *in* 4.

1729 Inftructions fur les affaires d'Etat, de la guerre, &c. par Fr. de Boyvin, Baron du Villars. *Lyon*, 1610. *in* 8.

1730 Lettres & Mémoires d'Etat, par Guill. Ribier. *Par.* 1666. 2 *vol. in fol.*

1731 Gafp. Colinii Vita, 1575. ▬ La Tragédie des rebelles de Montpellier, 1622. ▬ Mémoires militaires de S. Eftienne. *Par. in* 8.

1732 Vie de Gafp. de Coligny. *Col.* 1686. *in* 12.

1733 Mémoires de Gafp. de Coligny. *Par.* 1665. *in* 12.

1734 Mémoires de Condé augm. par Secouffe, avec le fupplément par Lenglet. *Paris*, 1743. 6 *vol. in* 4.

1735 Vie de Franc. de Lorraine, Duc de Guife, par Valincourt. *Par.* 1681. *in* 12.

1736 Légende du Card. de Guife. *Reims*, 1576. *in* 8.

1737 Mémoires de Michel de Caftelnau, avec les additions de J. le Laboureur. *Bruxelles*, 1731, 3 *vol. in fol.*

1738 Négociations de M. de Noailles, Ev. d'Acqs, en Turquie, en 1572. *Mss. in fol.*

1739 Histoire de France depuis 1550. par la Popeliniere. 1581. 2 *vol. in fol.*

1740 Histoire de la conquête des pays de Bresse & de Savoye, par de la Popeliniere. *Lyon*, 1601. *in* 8.

1741 Histoire des Histoires, par de la Popeliniere. *Par.* 1599. *in* 8.

1742 Histoire de notre tems, par Paradin. *Paris*, 1557. *in* 12. *m. r.*

1743 Histoire des troubles depuis 1562. *Basle*, 1572. *in* 8.

1744 De l'état & succès des affaires de France, par du Haillan. *Par.* 1573. *in* 12.

1745 Le Réveil-matin des François. *Paris*, 1574. *in* 8.

1746 Histoire des guerres de Poitou, &c. depuis 1574. jusq. 1576. *Par.* 1578. *in* 8.

1747 Discours polit. & milit. de la Noue. *Basle*, 1587. *in* 8.

1748 Histoire universelle de d'Aubigné. *Maillé*, 1616. 2 *vol. in fol.*

1749 Mémoires de la Vie de Theod. Agrippa d'Aubigné, &c. *Amst.* 1731. *in* 12.

1750 Commentaires de Blaise de Montluc. *Par.* 1661. 2 *vol. in* 12.

1751 Mémoires de Gaspard de Saulx de Tavanes. *in fol.*

1752 Histoire des neuf Rois Charles de France, par Belleforest. *Par.* 1568. *in fol.*

1753 Histoire des regnes de Louis XI, &c. par Varillas. *Par.* 1689. 14 *vol. in* 4.

1754 Histoire du Maréchal de Matignon, par de Cailliere. *Par.* 1661. *in fol.*

1755 Mémoires de Brantosme. *Trévoux*, 1722. 10 *vol. in* 12.

1756 Lettres de Paul de Foix. *Par.* 1628. *in* 4.

1757 Ern. Eremundi Hiftoria Belgicorum tumul-
tuum : de furoribus gallicis , &c. *Amft.* 1641.
in 12.

1758 Moyens d'abus de la Bulle de Sixte V , contre
Henri IV & le Prince de Condé. 1586. *in* 8.

1759 Défenfe d'Henri IV & du P. de Condé, trad.
du *Brutum fulmen.* 1587. *in* 8.

1760 Philippiques contre les Bulles, pour Henri
IV. *Tours ,* 1592. *in* 8.

1761 Mémoires de M. le Duc d'Angoulême. *Par.*
1667. *in* 12.

1762 Jo. Boucher de jufta Henrici III abdicatione
e Francorum regno. *Par.* 1589. *in* 8.

1763 Lettre myftique contre Jean Boucher. *Leiden,*
1602. *in* 8.

1764 Journal d'Henri III , avec la Defcription de
l'Ifle des Hermaphrodites. *Col.* 1720, 1724. 5
vol. in 8.

1765 Vie de la Vallette , par Mauroi. *Metz ,* 1624.
in 4.

1766 Satyre menippée. *Ratisb.* 1664. *in* 12.

1767 La même. *Ratisb.* 1699. *in* 12.

1768 La même avec les remarques de MM. Dupuy
& Ducbat. *Brux.* 1726. 3 *vol. in* 8.

1769 Mémoires de la Reine Marguerite. *in* 8.

1770 Mémoires de Believre & de Sillery. *Par.*
1676. 2 *vol. in* 12.

1771 Hiftoire des guerres civiles de France , par
Davila , trad. par Baudoin. *Par.* 1647. 2 *v. in fol.*

1772 Mémoires d'Etat , par de Cheverni. *Paris ,*
1664. 2 *vol. in* 12.

1773 Mémoires de Villeroy. *Trevoux ,* 1725. 7
vol. in 12.

1774 Jac. Aug. Thuani Hiftoria. *Gen.* 1626. 5
tom. 4 *vol. in fol.*

1775 Index nominum historiæ Thuani. *Genev.* 1634 *in* 4.

1776 Histoire de M. de Thou trad. par du Ryer. *Par.* 1659. *3 vol. in fol.*

1777 Mémoires de la vie de J. Aug. de Thou. *Rouen,* 1714. *in* 12.

1778 Conciones & Orationes thuaneæ. *Francof.* 1679. *in* 12.

1779 Mémoires de l'Etoile. *Brux.* 1719. *2 v. in* 8.

1780 Suite des Mémoires de l'Etoile. *Par.* 1732, 1736. *4 vol. in* 8.

1781 Mémoires de Sully. *Amstelredam. in fol.*

1782 Les mêmes. *Trevoux,* 1725. *12 vol. in* 12.

1783 Les mêmes, mis en ordre, avec des remarques, par Lecluse. *Par* 1745. *8 vol. in* 12.

1784 Les mêmes. *Par.* 1745. *3 vol. in* 4.

1785 Observations sur les nouv. Mémoires de Sully. 1747. ▬ Testament de Desfontaines. 1746. *in* 12.

1786 Lettres du Cardinal d'Ossat, avec les notes d'Amelot. *Par.* 1714. *5 vol. in* 12.

1787 La vie des Bourbons. *La Rochelle,* 1587. *in* 8.

1788 Histoire d'Henri IV, par P. Matthieu. *Par.* 1605. *in* 4.

1789 Vie de Henri IV, par le Grain. *Par.* 1614. *in fol.*

1790 Histoire de Henri IV, par de Perefixe. *Amst.* 1661. *in* 12.

1791 La même. *Par.* 1681. *in* 12.

1792 La même. *Par.* 1749. *2 vol. in* 12.

1793 Henrici Nav. regis Epistolæ ad Imp. rom. &c. *Ultraj.* 1679. *in* 12.

1794 Histoire du Card. de Joyeuse. *Par.* 1654. *in* 4.

1795 Lettres & Ambassades de Phil. Canaye *Par.* 1645. *3 vol. in fol.*

1796 Mémoires du Duc de Nevers. *Par.* 1665. 2 vol. *in fol.*

1797 Mémoires du Duc de Bouillon. *Par.* 1666. *in* 12.

1798 Ambaffades du Card. du Perron. *Par.* 1629. *in fol.*

1799 L'Anti-Hermaphrodite. *Par.* 1606. *in* 8.

1800 Hiftoire des derniers troubles de France. 1610. *in* 8.

1801 Le Pater nofter des Jéfuites & autres pieces, &c. 1611. *in* 8.

1802 Recueil de pieces fur le Connet. de Luynes. 1625. *in* 8.

1803 Mémoires de la Régence de Marie de Médicis. *Par.* 1666. *in* 12.

1804 Hiftoire de la Mere & du Fils, par Mezerai. *Amft.* 1730. 2 *vol. in* 12.

1805 Mémoires de Pontchartrain. *La Haye,* 1720. 2 *vol. in* 12.

1806 Hiftoire de la rébellion des Réformés depuis 1620 jufq. 1624. par C. Malingre. *Par.* 1622. 3 *vol. in* 8

1807 Mémoires de Deageant. *Grenoble ,* 1668. *in* 12.

1808 Hiftoire de Lefdiguieres, par Videl. *Par.* 1638. *in fol.*

1809 Hiftoire des Favoris, par Dupuy. *Rouen,* 1660. *in* 12.

1809* La même. *Par.* 1661. *in* 12.

1810 Chronique des favoris : Réponfe : Méditations de l'hermite Valerien : Horofcope du Connetable : Pfautier des Courtifans, &c. 1622. *in* 8.

1811 Inventaire des affaires de France, depuis 1610 jufq. 1620 , par d'Autreville. *Par.* 1620. *in* 8.

1812 Hiftoire mémorable depuis 1610 jufq. 1620,

par P. Boitel, sieur de Gaubertin. *Par.* 1619. 2
vol. *in* 8.

1813 Négociations en Allemagne, par le Duc
d'Angoulême, de Bethune &c., en 1620 &
1621. *mss. in fol.*

1814 Histoire des guerres de Louis XIII, depuis
1610 jusq. 1622. *Par.* 1618. *in* 8.

1815 Thrésor de l'histoire de notre tems, depuis
1610 jusq. 1624, par Gaspard. *Par.* 1624. *in* 8.

1816 Histoire de la rébellion des Rochelois, par
Ste Marthe, trad. par Baudoin. *Par.* 1629. *in* 8.

1817 Histoire des deux derniers siéges de la Ro-
chelle. *Par.* 1630. *in* 8.

1818 Relation de la descente des Anglois en l'isle
de Ré. *Par.* 1628. *in* 8.

1819 Alliances du Roi avec le Turc justifiées
contre les Espagnols, par G. le Guay. *Par.*
1625. *in* 8.

1820 Lettre de la Cordonniere à M. de Baradas═
Catholicon françois, par Renaudot ═ Rabbi
Ben-oni Visiones & Prophetiæ. *in* 8.

1821 Mémoires du Marquis de Montbrun. *Paris,*
1702. *in* 12.

1822 Mémoires du Duc de Rohan. *Amst.* 1644.
in 12.

1823 Mémoires de Bassompierre. *Col.* 1692. 2 *v.*
in 12.

1824 Les mêmes. *Trevoux,* 1723. 4 *vol. in* 12.

1825 Ambassade du même en Suisse. *Col.* 1668. 2
tom. 1 *vol. in* 12.

1826 Histoire de la vie de Henri, dernier Duc de
Montmorency. *Lyon,* 1693. *in* 12.

1827 La même. *Par.* 1699. *in* 12.

1828 Vie de Mad. la Duch. de Montmorency. *Par.*
1684. *in* 8.

1829 Vie du P. Josef, par Richard. *Par. in* 12.

1830

1830 La même *Paris*, 1750. 2 *vol. in* 12.

1831 Histoire de Toyras par Baudier. *Par.* 1644. *in fol.*

1832 Mémoires de Montchal. *Rouen*, 1718. *in* 12.

1833 Histoire du ministere du Cardinal de Richelieu. *Par.* 1650. *in fol.*

1834 Vie du Card. de Richelieu ; par le Clerc. *Rouen*, 1724. 3 *vol. in* 12.

1835 Journal de Richelieu. *Par.* 1665. 2 *v. in* 12.

1836 Lettres du Card. de Richelieu. *Amst.* 1695. *in* 12.

1837 Testament polit. du Card. de Richelieu. *Amst.* 1689. *in* 12.

1838 Lettre sur le Testament polit. du Card. de Richelieu. 1750. *in* 12.

1839 Anecdotes du ministere du Card. de Richelieu, tirés du Mercurio di Sisi & trad. par de Valdori. *Rouen*, 1717. 2 *vol. in* 12.

1840 Parallele des Card. Ximenès & Richelieu, par Richard. *Par.* 1705. *in* 12.

1841 Mémoires de Montresor. *Trevoux*, 1723. 2 *vol. in* 12.

1842 Mémoires de M. de Bouy. *Par.* 1711. 2 *tom.* 1 *vol. in* 12.

1843 Histoire du Duc d'Espernon, par Girard. *Par.* 1673. 3 *vol. in* 12.

1844 Mémoires d'Espernon. *Par.* 1626. *in* 4.

1845 Avantures de Fœneste, par d'Aubigné. *Brux.* 1729. 2 *vol. in* 8.

1846 Négociation avec Marie de Médicis, par M. de Bethune. *Par. in fol.*

1847 Pieces de S. Germain pour la Reiue Mere. *in fol.*

1848 Recueil de pieces pour servir à l'Histoire. 1635. *in fol.*

N

1849 Triomphes de Louis XIII, par Valdor. *Par.* 1649. *in fol.*

1850 Le Regne de Louis XIII, par Jean Danes. *Par.* 1644. *in* 4.

1851 Hiſtoire de Louis XIII, par le Grain. *Par.* 1619. *in fol.*

1852 Hiſtoire de Henri III, IV & Louis XIII, par P. Mathieu. *Par.* 1625. 2 *vol. in* 8.

1853 Hiſtoire de France ſous François I ═ Louis XIII, par le même. *Par.* 1631. 2 *vol. in fol.*

1854 Hiſtoire de Louis XIII, par le Vaſſor. *Amſt.* 1712 *& ſuiv.* 10 *tom.* 18 *vol. in* 12.

1855 Mémoires de Mad. de Motteville. *Amſterd.* 1723. 5 *vol. in* 12.

1856 Mémoires de la Rochefoucauld. *Col.* 1662. *in* 12.

1857 Mémoires ſecrets de la Cour de France ſous la minorité de Louis XIV. *Par.* 1733. 3 *v. in* 12.

1858 Mémoires de Beauvais-Nangis. *Par.* 1665. *in* 12.

1859 Le Mercure françois, par Richer & autres. *Par.* 1619 *& ſuiv.* 25 *vol. in* 8.

1860 Hiſtoire de Guebriant, par du Châtelet. *Par.* 1656. *in fol.*

1861 Mémoires du Duc de Guiſe. *Par.* 1668. *in* 12.

1862 Les mêmes. *Par.* 1681. *in* 12.

1863 Vie de Gaſſion. *Par.* 1673. 3 *vol. in* 12.

1864 Maximes pour l'inſtitution du Roi, par Joly. *Amſt.* 1663. *in* 12.

1865 Hiſtoire du Traité de Weſtphalie par le P. Bougeant. *Par.* 1744. 6 *vol. in* 12.

1866 Lettres de MM. d'Avaux & Servien. 1650. *in* 12.

1867 Panégyriques de la paix, de la concorde, par Helie Poirier. *Amſt.* 1648. *in* 12.

1868 Mémoires de M. Omer Talon. *Par.* 1732.
8 *vol. in* 12.

1869 Mémoires de Lenet. *Par.* 1729. 2 *vol. in* 12.

1870 Recueil de pieces pour & contre le Card.
Mazarin. *Par.* 1648. *& suiv.* 19 *vol. in* 4.

1871 Mémoires du Card. de Retz. *Par.* 1717. 4
vol. in 12.

1872 Les mêmes. *Rouen* 1718. 3 *vol. in* 12.

1873 Histoire de la détention du Card. de Retz.
Paris, 1755. *in* 12.

1874 Mémoires de Joli. *Amst.* 1718. 2 *vol. in* 12.

1875 Mémoires de Mad. de Nemours. *Par.* 1709.
in 12.

1876 Histoire de la prison & de la liberté de M.
le Prince. *Par.* 1651. *in* 4.

1877 Journal du Parlement, depuis 1648 jusq.
1652. 3 *vol. in* 4..

1878 Mémoires de Jacq. de Saulx de Tavannes.
Par. 1691. *in* 12.

1879 Défense du Maréchal de la Motte Houdan-
court. *Par.* 1649. *in* 4.

1880 Mémoires de Pontis, par du Fossé. *Par.*
1715. 2 *vol. in* 12.

1881 Relations de guerre. (Secours d'Arras en
1654. Siége de Valence en 1656. Siége de Dun-
kerke en 1658), par de la Mesnardiere. *Par.*
1672. *in* 8.

1882 Mémoires de Brienne. *Amst.* 1719. 3 *v. in* 12.

1883 Benj. Priolus de rebus gallicis. *Par.* 1665.
in 4.

1884 Histoire du Traité de paix de 1659, par
Priorato. *Col.* 1664. *in* 12.

1885 Histoire du ministere du Card. Mazarin.
Rotterd. 1695. *in* 8.

1886 Histoire du Card. Mazarin, par Aubery.
Amst. 1718. 3 *vol. in* 12.

1887 Lettres du Card. Mazarin. *Amst.* 1693. 2 *vol. in* 12.

1888 Breviarium politicorum, secundùm rubricas Mazarinicas. *Francof.* 1697. *in* 12.

1889 Le Tacite françois, par de Cerisiers. *Paris*, 1659. 2 *vol. in* 12.

1890 Recueil de pieces de 1663. *in* 12.

1891 Histoire du Mar. de Fabert, par Courtilz. *Rouen*, 1696. *in* 12.

1892 Mémoires de Rabutin, Comte de Bussy. *Amst.* 1697. 2 *vol. in* 12.

1893 Les mêmes. *Par.* 1704. 3 *vol. in* 12.

1894 Mémoires de Terlon, depuis 1656. jusq. 1661. *Par.* 1681. 2 *tom.* 1 *vol. in* 12.

1895 Mémoires de Montglat. *Rouen*, 1728. 4 *vol. in* 12.

1896 Mémoires de M. de Lyonne. 1668. *in* 12.

1897 Mémoires de Montpensier. *Trévoux*, 1730. 6 *vol. in* 12.

1898 Histoire de Henriette d'Angleterre, par Mad. la Fayette. *Amst.* 1742. *in* 12.

1899 Conseil sur les mouvemens. de la France. 1671. *in* 12.

1900 Le Politique désinteressé. *Cologne*, 1671. Le Card. Mazarin joué par un Flamand. 1671. *in* 12.

1901 La France politique. 1672. Le Politique désinteressé. 1671. *in* 12.

1902 Acquisitions de la France par la Paix, par Duval. *Par.* 1679. *in* 12.

1903 Mémoires de Puysegur. *Paris*, 1690. 2 *vol. in* 12.

1904 Mémoires du Mar. du Plessy. *Paris*, 1675. *in* 4.

1905 Pieces sur la neutralité de Liege. 1674. *in* 12.

1906 Le Politique du tems, avec des remarques. 1674. *in* 8.

1907 Traité de la Politique de France, par du Chaſtelet. *Colog.* 1680. *in* 12.

1908 Mémoires d'Artagnan, par de Courtilz. *Rouen,* 1700. 3 *vol. in* 12.

1909 Etat préſent des affaires d'Allemagne. Relation de la campagne de M. de Turenne en 1674. *Par.* 1675. *in* 12.

1910 Vie du Vicomte de Turenne, par du Buiſ-ſon (Gatien de Courtilz.) *Rouen,* 1688. *in* 12.

1911 Relation de ce qui s'eſt paſſé en Allemagne en 1675. — 1677. *Lyon,* 1677. 2 *vol. in* 12.

1912 Mémoires des expéditions militaires en Allemagne, &c. *Par.* 1734. 2 *vol. in* 12.

1913 Hiſtoire amoureuſe de France, par Buſſy. 1677. *in* 12.

1914 Vie de Mad. de la Valiere. *in* 12.

1915 Relation de ce qui s'eſt paſſé en Catalogne. *Par.* 1678. *in* 12.

1916 Mémoires de Chavagnac. *Beſançon,* 1699. 2 *vol. in* 12.

1917 Les fauſſes démarches de la France ſur la négociation de la Paix. 1678. *in* 12.

1918 Mémoires hiſtoriques depuis 1672. juſq. 1679. par Mad. Daulnoy. *Par.* 1693. 2 *vol. in* 12.

1919 La Deviſe du Roi, juſtifiée, par le P. Meneſtrier. *Par.* 1679. *in* 4.

1920 Joſ. de Jouvancy Panegyricus Ludovico XIV. *Par.* 1680. *in* 12. *m. r.*

1921 Collegii Soc. Jeſ. Par. feſti plauſus ad nuptias Ludovici Delphini. *Par.* 1680. *in fol.*

1922 Actes & Mémoires des négociations de la Paix de Nimegue. *Amſt.* 1680. 3 *vol. in* 12.

1923 Mémoires des contraventions de la France à la Paix de Nimegue. 1682. *in* 12.

1924 Hiſtoire des promeſſes illuſoires depuis la paix des Pirenées. *Colog.* 1684. *in*

1925 Mars christianissimus. *Col.* 1684. *in* 12.

1926 Mémoires du Duc de Navailles. *Par.* 1701. *in* 12.

1927 Les mêmes. *Amst.* 1701. *in* 12.

1928 Mémoires de Rochefort. *Rouen*, 1691. *in* 12.

1929 Vie de J. B. Colbert. 1695. *in* 12.

1930 Testament polit. de Colbert. *Rouen*, 1694. *in* 12.

1931 Le même. 1704. *in* 12.

1932 Relation de la campagne des Allemands en 1690. *Liege*, 1691. *in* 12.

1933 Dialogues des Grands sur les affaires présentes. *Col.* 1690. *in* 12.

1934 La Cour de France turbanisée. *La Haye*, 1690. *in* 12.

1935 Histoire de L. de Bourbon, Prince de Condé, par Coste. *Rouen*, 1694. 2 *vol. in* 12.

1936 Mémoires de la Vie de Franç. Dusson, sieur de Bonrepaux, par la Troussiere. *Amst.* 1697. *in* 12.

1937 Lettres & Réponses au sujet de la Ligue d'Ausbourg. 1689. *in* 12.

1938 La Monarchie universelle de Louis XIV, par Leti. *Amst.* 1701. 2 *vol. in* 12.

1939 Mémoires de Mad. de la Fayette. *Amst.* 1731. *in* 12.

1940 Journal de la campagne de Piedmont en 1691. par Moreau de Brasey. *Par.* 1692. *in* 12.

1941 Journal de la campagne de Piedmont. — Relation de la bataille de Nervinde, par de Vizé. *Par.* 1693. *in* 12.

1942 L'Esprit de Luxembourg. *Rouen*, 1694. *in* 12.

1943 Card. Bullionii Litteræ ad Capitulum Leodiense, &c. *Par.* 1694. *in* 4.

1944 Teftament polit. de Louvois. 1695. *in* 12.

1945 Mémoires de J. B. de la Fontaine, par Courtilz. *Amft.* 1699. *in* 12.

1946 Journal des marches, &c. du Roi en Flandres, par Vautier. *Par.* 1694. *in* 12.

1947 Mémoires de ce qui s'eft paffé fur mer, depuis 1688. jufq. 1697. par Burchett. *Amft.* 1704. *in* 12.

1948 Relation de l'expédition de Carthagene en 1697. *Par.* 1698. *in* 12.

1949 Mémoires de Maffiac, depuis 1688. jufq. 1698. *Par.* 1698. *in* 12.

1950 Faftes de Louis XIV, par du Londel. *Paris,* 1694. *in* 8.

1951 Mémoires de la Fare. *Amft.* 1716. *in* 12.

1952 Les mêmes. *Par.* 1734. *in* 12.

1953 Mémoires polit. fur la Paix de Ryfwick, par du Mont. *La Haye,* 1699. 4 *vol. in* 12.

1954 Annales de la Cour & de Paris, par Courtilz. *Col.* 1701. 2 *vol. in* 12.

1955 La Guerre d'Italie, ou Mémoires du Comte D ***. *Col.* 1710. 2 *vol. in* 12. *m. c.*

1956 Hiftoire du Duc de la Feuillade. *Rouen,* 1713. *in* 12.

1957 Lettres d'un Suiffe (de la Chapelle.) *Paris,* 1704. 8 *tom.* 3 *vol. in* 12.

1958 Mémoires du Marquis de Guifcard. *Delft.* 1705. *in* 12.

1959 Lettres & Négociations du Mar. d'Eftrades, &c. *La Haye,* 1710. 3 *vol. in* 12.

1960 Journal du fiége de Landau en 1702. *Metz,* *in* 12.

1961 Hiftoire de la derniere révolte des Catalans. *Lyon,* 1714. *in* 12.

1962 Mém. de la Colonie. *Blois,* 1735. 2 *vol. in* 12.

1963 Nouv. Entretiens sur la Paix d'Utrecht, par de Chevigny. *Par.* 1730. *in* 12.

1964 Histoire de Mlle. de la Charce. *Par.* 1731. *in* 12.

1965 Lettres de Louis XIV au Comte de Briord. *La Haye*, 1728. *in* 12.

1966 Histoire de Louis XIV, par Buffy. *Par.* 1699. *in* 12.

1967 Azioni della Vita di Luiggi il grande, da Marana. *Mf.* 2 *vol. in* 8. *m. r.*

1968 Histoire de Louis XIV, par de Larrey. *Rouen*, 1724. 9 *vol. in* 12.

1969 Histoire du fiecle de Louis XIV, par Voltaire. 1752. 2 *vol. in* 8.

1970 La même. *Par.* 1752. 4 *vol. in* 12.

1971 Histoire de Louis XIV par les Médailles. *in fol.*

1972 Médailles de Louis XIV. *Par.* 1723. *in fol. m. r.*

1973 Histoire littéraire du regne de Louis XIV, par Lambert. *Par.* 1751. 3 *vol. in* 4.

1974 Histoire des Princes illustres, par de Bezancon. *Par.* 1699. *in* 12.

1975 Femmes illustres du fiecle de Louis XIV, par de Vertron. *Par.* 1698. 2 *vol. in* 12.

1976 Histoire des dernieres campagnes de M. de Vendôme, par de Bellerive. *Paris*, 1714. *in* 12.

1977 Lettres de Filtz Moritz. *Par.* 1718. *in* 12.

1978 Mémoires de la régence de M. le Duc d'Orléans. *Trévoux*, 1730. 3 *vol. in* 12.

1979 Pieces fur les Princes légitimes & légitimés. 2 *vol. in* 8.

1980 Mémoires de Forbin. *Par.* 1730. 2 *vol. in* 12.

1981 Mémoires de M. du Guaytrouin. *Par.* 1740. *in* 4.

1982

1982 Mémoires du Duc de Villars. *La Haye*, 1734. 3 *vol. in* 12.

1983 Mémoires de Berwik. *Paris*, 1737. 2 *v. in* 12.

1984 Histoire de la güerre de 1735, par Maſſuet. *Amſt.* 1735. *in* 12.

1985 Lettres & Négociations de Van Hoey. *Par.* 1744. *in* 12.

1986 Mémoires de Montgon. *Par.* 1750. 9 *vol. in* 12.

1987 Recueil de pieces choiſies ſur les conquêtes & la convaleſcence du Roi. *Par.* 1745. *in* 8.

1988 Médailles (54) de Louis XV, par Godon-neſche. *in fol.*

1989 Liaſſe de quatre pieces angloiſes ſur l'état de la France & de ſa politique. *in* 8.

1990 Plan de Paris, par les ordres de M. de Tur-got. *in fol.*

1991 Antiquités de la ville de Paris, par Henri Sauval. *Par.* 1724. 3 *vol. in fol.* G. P.

1992 Histoire de la ville de Paris, par Felibien. *Par.* 1725. 5 *vol. in fol.*

1993 Deſcription de Paris, par Brice. *Par.* 1701. 2 *vol. in* 12.

1994 La même. *Par.* 1725. 4 *vol. in* 12.

1995 Histoire abrégée de Paris, par Desfontaines. *Par.* 1735. 5 *vol. in* 12.

1996 Catalogue des Ev. Archev. Chanoines, Chantres, &c. de l'Egliſe de Paris, par Nic. Par-faict. *Mſ. in* 4. *m. r.*

1997 Recueil des figures, groupes, thermes, fon-taines, vaſes, &c. de Verſailles, gravés par Si-mon Thomaſſin. *in* 8.

1998 Verſailles immortaliſé, par J. B. de Moni-cart. *Par.* 1720. 2 *vol. in* 4.

1999 Mémoires ſur la deſtruction de Port-Royal. *Amſt.* 1711. *in* 12.

2000 Annales de l'Eglise de Noyon, par le Vaſ-
　　ſeur. *Par.* 1633. *in* 4.

2001 Recherche de l'antiquité d'Abbeville, par
　　Sanſon. *Par.* 1636. *in* 8.

2002 Hiſtoriæ Normannorum Scriptores, edente
　　And. du Cheſne. *Par.* 1619. *in fol.*

2003 Conquêtes des Normands, par Gab. du Mou-
　　lin. *Rouen*, 1658. *in fol.*

2004 Hiſtoire de la ville de Rouen. *Rouen*, 1668.
　　3 *vol. in* 12.

2005 Cronicques de Bretaigne. *Caen*, 1518.
　　in fol.

2006 Hiſtoire de Bretagne, par d'Argentré. *Par.*
　　1588. *in fol.*

2007 Traité de l'ancien état de la petite Bretagne,
　　par Nic. Vignier. *Par.* 1619. *in* 4.

2008 Hiſtoire de Bretagne, par Lobineau. *Paris*,
　　1707. 2 *vol. in fol.*

2009 Diſſertation ſur la mouvance de la Bretagne,
　　par des Thuilleries. *Par.* 1711. *in* 12.

2010 Réponſe au Traité de la mouvance de la Bre-
　　tagne, par Lobineau. *Nantes*, 1712. *in* 8.

2011 Défenſe de la mouvance de la Bretagne, par
　　des Thuilleries. *Par.* 1713. *in* 12.

2012 Hiſtoire de l'établiſſement des Bretons dans
　　les Gaules, par Vertot. *Par.* 1720. 2 *vol. in* 12.

2013 Pieces Mſſ. ſur la Bretagne. *in fol.*

2014 Hiſtoire & Antiquités d'Orléans, par Fr. le
　　Maire. *Orléans*, 1645. *in* 4.

2015 Hiſtoire de Nivernois, par Coquille. *Paris*,
　　1622. *in* 4.

2016 Hiſtoire des Comtes de Poitou, par J. Beſly.
　　Par. 1647. *in fol.*

2017 Hiſtoire des Comtes de Foix, par Olhaga-
　　ray. *Par.* 1629. *in* 4.

2018 Hiſtoire de Bearn, par P. de Marca. *Paris*,
　　1640. *in fol.*

2019. Hiſtoire critique de la Gaule Narbonnoiſe, par de Mandajors. *Par.* 1733. *in* 12.

2020 Remarques ſur l'Hiſtoire de Languedoc, par P. Louvet. *Toulouſe*, 1657. *in* 4.

2021 Mémoires pour ſervir à l'Hiſtoire de Langue-doc, par M. de Baſville. *Par.* 1736. *in* 8.

2022 Hiſtoire des Comtes de Toloſe, par Catel. *Toloſe*, 1623. *in fol.*

2023 Traité du Comté de Caſtres, par David De-fos. *Toloſe*, 1633. *in* 4.

2024 Pieces ſur le Canal de Narbonne. *in* 4.

2025 Hiſtoire des Comtes de Provence, par de Ruffi. *Aix*, 1655. *in fol.*

2026 Hiſtoire de l'Egliſe d'Arles, par Gilles du Port. *Par.* 1690. *in* 12.

2027 Hiſtoire de Frejus, par Girardin. *Par.* 1729. 2 *vol. in* 12.

2028 Hiſtoire de Dauphiné, par M. de Valbon-nays. *Geneve*, 1721. 2 *vol. in fol.*

2029 Hiſtoire du pays de Forez, par de la Mure. *Par.* 1674. *in* 4.

2030 Hiſtoire généal. des Ducs de Bourgogne, par du Cheſne. *Par.* 1633. *in* 4.

2031 Hiſtoire des Ducs de Bourgogne, par Fa-bert. *Col.* 1697. 2 *tóm.* 1 *vol. in* 12.

2032 Step. Ladonei Antiquitates Auguſtoduni. *Ibid.* 1640. *in* 8.

2033 Regiſtre des Dépêches & Mémoires concer-nant la terre de Pagny en Bourgogne, avec les plans. *in fol. Mſſ.*

2034 And. du Sauſſay de gloriâ S. Remigii. *Tulli*, 1661. *in fol.*

2035 Mémoires de l'état de la Lorraine. 1673. *in* 4. *Mſ.*

2036 Queſtions ſi les Provinces de l'anc. royaume de Lorraine doivent être appellées Terres de l'Empire, par Chantereau le Fevre. *Par.* 1644. *in* 8.

2037 Vie de Charles V, Duc de Lorraine. *Amst.* 1691. *in* 12.

2038 Teſtament polit. de Charles, Duc de Lorraine. 1696. *in* 12.

2039 Hiſtoire du Duc de Mercœur. *Rouen*, 1692. *in* 12.

2040 Mémoires de Beauvau. *Colog.* 1688. *in* 12.

2041 Hiſtoire d'Alſace, par la Guille. *Strasbourg*, 1727. *in fol.*

2042 Recueil A. B. *Par.* 1745. 1752. *in* 12.

2043 Antiquités de la Maiſon de France, par le Gendre de S. Aubin. *Par.* 1739. *in* 4.

2044 Copies de pieces du Tréſor des Chartes en 1299. *in fol. Mſſ.*

2045 Traité des Monnoyes de France, par le Blanc. *Par.* 1690. *in* 4.

2046 Recueil de Généralités. *Mſſ.* 10 *vol. in* 4.

2047 Etat de la France. *Par.* 1702. 3 *vol. in* 12.

2048 Réglemens qui concernent ceux de la Maiſon du Roi & des principaux Officiers ſervans en icelle. *Mſſ. in fol.*

2049 Théâtre d'honneur préparé au Sacre des Rois, par D. Guill. Marlot. *Reims*, 1643. *in* 4.

2050 Traités de la majorité des Rois, par Dupuy. *Mſſ. in fol.*

2051 M. Zampinus de Statibus Franciæ & illorum poteſtate. *Par.* 1578. *in* 8.

2052 Recueil des Etats tenus en France, *Par.* 1651. 2 *vol. in* 4.

2053 Mémoires ſur les Etats provinciaux. 2ᵉ. Edition. *in* 12.

2054 Recherche des droits du Roi & de la Couronne de France, par Jacq. de Caſſan. *Paris*, 1634. *in* 4.

2055 Traités touchant les droits du Roi, par Dupuy. *Par.* 1655. *in fol.*

2056 Traité de la connoissance des droits & des Domaines du Roi, par Berthelot du Ferrier. *Par.* 1719. *in* 4.

2057 Ant. Dominicy Affertor gallicus. *Par.* 1646. *in* 4.

2058 Dialogue sur les droits de la Reine. 1667. *in* 12.

2059 Mémoires & Instructions pour servir dans les négociations & affaires concernant la France, (par Seguier ou Godefroy.) *Par.* 1689. *in* 12.

2060 Histoire de la Milice françoise, par le P. Daniel. *Par.* 1721. 2 *vol. in* 4. *G. P.*

2061 Traité des premiers Officiers de la Couronne de France, par And. Favyn. *Par.* 1613. *in* 8.

2062 Histoire de la Pairie de France & du Parlement de Paris, par le Laboureur. *Lond.* 1740. *in* 12.

2063 Histoire des Connétables, Chanceliers, &c. par le Feron, donnée par Godefroy. *Par.* 1658. *in fol.*

2064 Histoire de la Chancellerie, par Tessereau. *Par.* 1710. 2 *vol. in fol.*

2065 Histoire des Ministres d'Etat, par d'Auteuil. *Par.* 1669. 2 *vol. in* 12.

2066 Mémoires de l'établissement des Sécretaires d'Etat, &c. *Mf. in fol.*

2067 Histoire des Sécretaires d'Etat, par Fauvelet du Toc. *Par.* 1668. *in* 4.

2068 Lettres sur les Parlemens. *Par.* 1753. *in* 12.

2069 Eloges des premiers Présidens du Parlement de Paris, par Blanchard. *Par.* 1645. *in fol.*

2070 Mémoires au sujet du Doyenné du Conseil. *in fol. m. r.*

2071 Extraits des Regiftres & Mémoriaux de la Chambre des Comptes. *Mff.* 2 *vol. in* 4.

2072 Traité de la Police, par Lamare. *Par.* 1705. & *suiv.* 4 *vol. in fol.*

HISTOIRE D'ALLEMAGNE, D'ESPAGNE, &c.

2073 Histoire de l'Empire, par Heiss. *Par.* 1731. 10 *vol. in* 12.

2074 Lettres de M. de Languet, trad. par J. Chr. Lunig. *Col.* 1694. *in* 12.

2075 Lettres de Bongars, trad. *Par.* 1668. 2 *vol. in* 12.

2076 Actions héroïques & plaisantes de Charles V. *Brux.* 1690. *in* 12.

2077 Vie de Charles V, par Leti. *Par.* 1715. 4 *vol. in* 12.

2078 La même. *Par.* 1726. 4 *vol. in* 12.

2079 Histoire de l'état de la Religion & République sous Charles V, par J. Sleidan, trad. *Strasbourg*, 1558. *in* 8.

2080 Politique de la Maison d'Autriche, par Varillas. *La Haye*, 1688. *in* 12.

2081 Fred. Achillis, Ducis Witteb. Consultatio de principatu inter Provincias Europæ, studio Th. Lansii. *Amst.* 1687. *in* 8.

2082 Mémoires de Vordac. *Par.* 1730. 2 *vol. in* 12.

2083 Défense du droit de la Maison d'Autriche à la succession d'Espagne. *Col.* 1703. *in* 12.

2084 Mémoires du Comte d'Harrach, par de la Torre. *Rouen*, 1720. 2 *vol. in* 12.

2085 Vie du P. Eugene de Savoye. *Rouen*, 1703. *in* 12.

2086 Histoire du même. *Trevoux*, 1741. 5 *vol. in* 12.

2087 Nouv. Mémoires du Comte de Bonneval. *Rouen*, 1742. 2 *vol. in* 12.

2088 Joan. Bertelii Hiſtoria Luxemburgenſis. Co-
lon. 1638. in 4.

2089 Mémoires de Brandebourg. Par. 1751. in 12.

2090 Mémoires de Hambourg, &c. par Aubery.
Blois, 1735. in 12.

2091 Délices de la Suiſſe. Leide, 1714. 4 vol.
in 12.

2092 Délices des Pays-Bas. Bruſ. 1700. in 12.

2093 Antiquités de la Gaule Belgique, par de
Waſſebourg. 1549. in fol.

2094 Mémoires d'Olivier de la Marche. Brux.
1616. in 4.

2095 Mémoires du Card. Bentivoglio, trad. par
Vayrac. Par. 1713. 2 vol. in 12.

2096 Relations du Card. Bentivoglio, trad. par
P. Gaffardy. Par. 1642. in 4.

2097 Récit du ſiége de Bois-le-Duc, par Jacq.
Prempart. Lewarde, 1630. in fol.

2098 Délices de la Hollande. Amſt. 1699. in 12.

2099 Le Hollandois, par de la Barre de Beaumar-
chais. Francfort, 1738. in 8.

2100 Hiſtoire de Hollande depuis 1609. par Bail-
let. Par. 1693. 4 vol. in 12.

2101 Hiſtoire de l'établiſſement de la Répub. de
Hollande, par le Noble. Par. 1689. in 12.

2102 Hiſtoire de la Répub. des Provinces Unies,
juſqu'à la mort de Guillaume III. La Haye,
1704. 4 vol. in 12. m. r.

2103 Mémoires de Hollande, par Aubery du
Maurier. Par. 1688. in 8.

2104 Mémoires de Jean de Wit, trad. par Mad.
de Widerlich. 1709. in 12.

2105 Lettres de Temple. La Haye, 1702. 2 vol.
in 12.

2106 Œuvres du même. Amſt. 1708. in 12.

2107 Mémoires du même. Rouen, 1693. in 12.

2108 Histoire de la guerre de Hollande, depuis 1672. jusq. 1677. *Amst.* 1689. *in* 12.

2109 Avis fidele aux Hollandois, avec figures. 1673. *in* 4.

2110 Mémoires du Comte de Guiche, concernant les Prov. Unies. *Par.* 1744. 2 *vol. in* 12.

2111 Mémoires de Montbas sur les affaires de Hollande. *Par.* 1673. *in* 12.

2112 Vie de Corn. Tromp. *La Haye*, 1694. *in* 12.

2113 Vie de Mich. de Ruyter. *Rouen*, 1678. *in* 12.

2114 Etat de la République des Provinces Unies, par Fr. Mich. Janiçon. *La Haye*, 1741. 2 *v. in* 12.

2115 Recueil de pieces pour servir à l'Histoire des Provinces Unies. *Lond.* 1743. *in* 12.

2116 Histoire des Comtes de Hollande. *Paris*, 1677. *in* 12.

2117 Délices d'Angleterre. *Leide*, 1707. 9 *vol. in* 12.

2118 Mémoires & Observations d'un voyageur en Angleterre. *La Haye*, 1698. *in* 12.

2119 Rob. Sheringami Disceptatio de Anglorum gentis origine. *Cant.* 1670. *in* 8.

2120 Histoire d'Angleterre, par du Chesne. *Par.* 1634. *in fol.*

2121 Histoire d'Angleterre, par de Rapin Thoyras : avec l'extrait des Actes de Rymer. *Amst.* 1727. 1728. 11 *vol. in* 4.

2122 Abrégé de l'Histoire d'Angleterre de Thoyras Rapin. *La Haye*, 1730. 10 *vol. in* 12.

2123 Remarques sur l'Histoire d'Angleterre, par Oldcastle. (en Angl.) *Lond.* 1743. *in* 8.

2124 Abrégé de l'Histoire d'Angleterre, par Vanel. *Par.* 1689. 4 *vol. in* 12.

2125 Histoire des Rois & Reines d'Angleterre. *Amst.* 1729. 3 *vol. in* 12.

2126

2126 Chronique des Rois d'Angleterre selon le stile des Juifs. *Lond.* 1743. *in* 8.

2127 La même. *Lond.* 1750. *in* 8.

2128 Histoire des révolutions d'Angleterre, par le P. d'Orléans. *Trevoux*, 1724. 4 *vol. in* 12.

2129 Histoire des deux Roses. *Trevoux*, 1726. *in* 12.

2130 Histoire des dernieres révolutions d'Angleterre, par Burnet. *La Haye*, 1725. 2 *vol. in* 4.

2131 Mémoires de Walsingham. *Amst.* 1717. 4 *vol. in* 12.

2132 Vie d'Elizabeth, par Leti. *Lyon*, 1695. 2 *vol. in* 12.

2133 La même. *Rouen*, 1704. 2 *vol. in* 12.

2134 Caractere d'Elizabeth & de ses favoris, par Naunton, trad. par J. le Pelletier. *Rouen*, 1683. *in* 12.

2135 La mort de la Reine d'Ecosse. 1588. *in* 8.

2136 Histoire des troubles d'Angleterre, par de Salmonet. *Par.* 1661. *in fol.*

2137 Abrégé de la Vie de Charles I. *Par.* 1664. *in* 12.

2138 Vie de Cromwel, par Leti. *Rouen*, 1708. 2 *vol. in* 12.

2139 La même. *Rouen*, 1730. 3 *vol. in* 12.

2140 Mémoires de Ludlow. *Amst.* 1699. 3 *vol. in* 12.

2141 Lettres d'Arlington. *Utrecht*, 1701. *in* 12.

2142 Mémoires de Burnet sous Charles II & Jacques II. *La Haye*, 1725. 3 *vol. in* 12.

2143 Abrégé de la Vie de Jacques II, par Bretonneau. *Par.* 1703. *in* 12.

2144 Etat d'Angleterre, par Chamberlayne. (Angl.) *Lond.* 1692. *in* 12.

2145 Mémoires de la Cour d'Angleterre, par Mad. Daulnoy. *La Haye*, 1695. *in* 12.

2146 Histoire de Guillaume III. *Rouen*, 1703.
2 *vol. in* 12.

2147 Conduite des Cours d'Angleterre & d'Espa-
gne. *Amst.* 1719. *in* 12.

2148 Conduite de Malborough. *Rouen*, 1714.
in 12.

2149 Vie d'Anne Stuart. *Rouen*, 1716. *in* 12.

2150 Faute des deux côtés, trad. de l'Angl. *Rotterd.*
1711. *in* 8.

2151 Rapport du Comité secret pour examiner le
Traité du Commerce d'Angleterre, par Rob.
Walpole. *Amst.* 1715. *in* 8.

2152 Mémoires de la Vie du Duc d'Ormond.
Rouen, 1738. *in* 12.

2153 Histoire & procédures de la Chambre des
Communes, avec toutes les pieces de ce qui
s'est passé dans chaque Parlement depuis 1660.
jusqu'en 1742. (en Angl.) *Lond.* 1742. 13 *tom.*
21 *vol. in* 8.

2154 Guide de Londres (Angl. & Fr.) *Lond.* 1726.
in 8

2155 Délices d'Espagne & de Portugal. *Leide*,
1715. 6 *vol. in* 12.

2156 Voyages d'Espagne, par Mad. Daulnoy. *Par.*
1691. 3 *vol. in* 12.

2157 Mém. de la Cour d'Espagne, par la même.
Par. 1691. 2 *vol. in* 12.

2158 Abrégé de l'Histoire d'Espagne, par Vanel.
Par. 1689. 3 *vol. in* 12.

2159 Histoire des révolutions d'Espagne, par Vay-
rac. *Par.* 1724. 5 *vol. in* 12.

2160 Politique de Ferdinand le catholique, par
Varillas. *Amst.* 1688. *in* 12.

2161 Histoire de la guerre civile de Grenade, trad.
Par. 1683. 3 *vol. in* 12.

2162 Vie du Duc d'Ossone, par Leti, trad. *Amst.*
1700. 3 *vol. in* 12.

2163 Vie de Philippe II, par Leti. *Amſt.* 1734.
6 *vol. in* 12.

2164 Relation des différends de D. Jean d'Autri-
che, & du Cardinal Nitard. *Par.* 1677. 2 *vol.*
in 12.

2165 Actions & paroles mémorables de Philippe II.
Col. 1671. *in* 12.

2166 Hiſtoire du miniſtere du Duc d'Olivarès. *Col.*
1673. *in* 12.

2167 La Balance de l'Europe. *Utrecht*, 1712.
in 12.

2168 Teſtament politique du Card. Alberoni.
Lauſ. 1753. *in* 12.

2169 Anecdotes de la Cour de D. Jean, Roi de
Navarre. *Par.* 1744. *in* 12.

2170 Hiſtoire ſecrete du Connét. de Lune. *Paris*,
1730. *in* 12.

2171 Hiſtoire de D. Juan de Portugal. *Par.* 1724.
in 12.

2172 Mémoires de M. d'Ablancourt. *Par.* 1701.
in 12.

2173 Etat préſent de la Suede, par Robinſon.
Rouen, 1720. *in* 12.

2174 Hiſtoire des révolutions de Suede, par Ver-
tot. *Par.* 1696. 2 *vol. in* 12.

2175 Les mêmes. *Par.* 1722. 2 *vol. in* 12.

2176 Soldat Suedois, par de Spanheim. 1634.
2 *vol. in* 8.

2177 Anecdotes de Suede ſous Charles XI. *Amſt.*
1718. *in* 12.

2178 Hiſtoire de Suede ſous Charles XII, par Li-
miers. *Rouen*, 1721. 12 *vol. in* 12.

2179 Hiſtoire de Charles XII, par Voltaire. *Baſle*,
1732. *in* 8.

2180 Relation hiſt. de la Pologne, par de Haute-
ville. *Par.* 1697. *in* 12.

2181 Hiſtoire des révolutions de Pologne, par Desfontaines. *Amſt.* 1735. *in* 12.

2182 Hiſtoire du miniſtere du Card. Martinuſius, par A. Bechet. *Par.* 1715. *in* 12.

2183 Mémoires de Beaujeu. *Par.* 1698. *in* 12.

2184 Etat de l'Empire de Ruſſie, par Margeret. *Par.* 1669. *in* 12.

2185 Etat de la Ruſſie. *Par.* 1679. *in* 12.

2186 Mémoires de Pierre le Grand, & de Catherine, Impératrice, par Rouſſet. *La Haye*, 1725. 1728. 5 *vol. in* 12.

2187 Anecdotes du regne de Pierre I. *Par.* 1745. *in* 12.

2188 Hiſtoire d'Emeric, Comte de Tekeli. *Col.* 1693. *in* 12.

2189 Vie du Prince Ragotzi. *Par.* 1707. 2 *vol. in* 12.

2190 Bibliotheque orientale, par d'Herbelot. *Par.* 1697. *in fol.*

2191 Recueil d'obſervations ſur les mœurs, les coûtumes, &c. des Peuples, par Lambert. *Par.* 1749. 4 *vol. in* 12.

2192 Hiſtoire de tous les Peuples du monde, par Lambert. *Par.* 1750. 15 *vol. in* 12.

2193 Recueil des habillemens du Levant. 1714. *in fol.*

2194 Vie de Mahomet. *Par.* 1699. *in* 12.

2195 Vie de Mahomed, par Boulainvilliers. *Amſt.* 1731. *in* 12.

2196 Hiſtoire des Turcs, par Chalcondile, trad. par Vigenere. *Par.* 1620. 2 *vol. in fol.*

2197 Jo. Leunclavii Annales Sultanorum. *Francof.* 1588. *in* 4.

2198 Hiſtoire de l'Empire Ottoman, par Sagredo, trad. par Laurent. *Par.* 1732. 7 *vol. in* 12.

2199 Hiſtoire Mahométane, par P. Vattier. *Par.* 1657. *in* 4.

2200 Anecdotes de la Maison Ottomane. *Trevoux*, 1740. 2 *vol. in* 12.

2201 Relation des deux rébellions de Constantinople en 1720 & 1721. *La Haye*, 1737. *in* 12.

2202 Antiquitates Ecclesiæ orientalis. *Lond.* 1682. *in* 12.

2203 Vie & mœurs des Bramines, par Abr. Roger, trad. par la Grue. *Amst.* 1670. *in* 4.

2204 Barn. Brissonius de regio Persarum principatu, curâ Jo. Henr. Lederlini. *Argent.* 1710. *in* 8.

2205 Histoire du Mogol, par Bernier. *Par.* 1670. 4 *vol. in* 12.

2206 Histoire de Thamas Kouli-kan. *Par.* 1743. *in* 12.

2207 Autre. *Par.* 1742. *in* 12.

2208 Lettres édifiantes des Missionaires de la comp. de Jesus *Par.* 1736. *in* 12. (22ᵉ. Recueil.)

2209 Histoire de la conquête des Isles Moluques, par Argensola. *Rouen*, 1707. 3 *vol in* 12.

2210 Histoire de Tamerlan, par le P. Margat. *Par.* 1739. 2 *vol. in* 12.

2211 Athan. Kircheri China. *Amst.* 1667. *in fol.*

2212 Histoire de la Chine, par le P. Martini, trad. par le Peletier. *Par.* 1692. 2 *vol. in* 12.

2213 Nic. Trigautius de christ. expeditione apud Sinas susceptâ. *Lugd.* 1616. *in* 4.

2214 N. Mémoires de la Chine, par le P. le Comte. *Par.* 1697. 3 *vol. in* 12.

2215 Lettre à un Missionaire de la Chine. *Paris*, 1686. *in* 12.

2216 Anciens Mémoires sur les cérémonies de la Chine. *Par.* 1700. *in* 12.

2217 Histoire du Japon, par Kæmpfer. *La Haye*, 1732. 3 *vol. in* 12.

2218 Description de l'Afrique, par Dapper. *Amst.* 1686. *in fol.*

2219 Nouv. Relation de l'Afrique occidentale, par Labat. *Par.* 1728. 5 *vol. in* 12.

2220 Description de l'Egypte, par Mallet, donnée par Mascrier. *Amst.* 1740. 2 *vol. in* 12.

2221 Nic. Caussinus de symbolicâ Ægyptiorum sapientiâ. *Par.* 1618. *in* 4.

2222 Etat présent de l'Empire de Maroc, par Pidou de S. Olon. *Par.* 1694. *in* 12.

2223 Histoire de l'Ethiopie orientale, trad. par Charpy. *Par.* 1688. *in* 12.

2224 Relation de l'Ethiopie occidentale, par Labat. *Par.* 1732. 5 *vol. in* 12.

2225 Relation de la Nigritie, par J. B. Gaby. *Par.* 1689. *in* 12.

2226 Histoire de l'Isle de Madagascar, par de Flacourt. *Par.* 1661. *in* 4.

2227 Découverte des Indes occidentales, par las Casas, trad. *Par.* 1697. *in* 12.

2228 Vie de Christ. Colomb, par Fernand Colomb. *Par.* 1681. 2 *vol. in* 12.

2229 Histoire de la conquête du Mexique, par Solis, trad. *Par.* 1730. 2 *vol. in* 12.

2230 Histoire de la conquête du Perou, par Zarate, trad. *Amst.* 1700. 2 *vol. in* 12.

2231 La même. *Par.* 1716. 2 *vol. in* 12.

2232 Histoire des Yncas, par Garcillasso de la Vega, trad. par Baudoin. *Amst.* 1704. 2 *vol. in* 12.

2233 Histoire des Isles de S. Christophle, de la Guadeloupe, &c. par J. B. du Tertre. *Paris*, 1654. *in* 4.

2234 Histoire de S. Domingue, par de Charlevoix. *Par.* 1730. 2 *vol. in* 4.

2235 Histoire de l'Amérique septentrionale, par de la Potherie. *Rouen*, 1722. 4 *vol. in* 12.

2236 Mœurs des Sauvages Amériquains, par Lafitau. *Par.* 1724. 2 *vol. in* 4.

HISTOIRE HERALDIQUE, ANTIQUITÉS, &c.

2237 La science & l'art des Devises, par Menestrier. *Par.* 1686. *in* 8. *m. r.*

2238 Traité des Tournois, par Menestrier. *Lyon,* 1669. *in* 4.

2239 Traité des Nobles, par Franç. de l'Alouette. *Par.* 1577. *in* 4.

2240 De l'origine & institution des Ordres de Chevalerie, par de Beloy. *Montauban,* 1604. *in* 12.

2241 Traités de la Noblesse de race civile, & des immunités des Ignobles, par Flor. de Thierriat. *Par.* 1606. *in* 8.

2242 Traité de la Noblesse, par la Roque. *Paris,* 1678. *in* 4.

2243 Origine des Chevaliers, Armoiries & Heraux, par Cl. Fauchet. *Par.* 1600. *in* 8.

2244 Théâtre d'honneur & de chevalerie, par Favyn. *Par.* 1620. 2 *vol. in* 4.

2245 Dissertations sur la Chevalerie, par le P. Honoré de Sainte Marie. *Par.* 1718. *in* 4.

2246 Essais sur la Noblesse de France, par de Boullainvilliers, avec des notes. *Par.* 1732. *in* 8.

2247 Dictionnaire heraldique, par Chevillard. *Par.* 1722. *in* 12.

2248 Généalogie des Princes de l'Europe, par Hubners. 1712. *in* 12.

2249 Alliances généal. des Rois & Princes de Gaule, par Cl. Paradin. *Genev.* 1606. *in fol.*

2250 La France métallique, par Jacq. de Bie. *Par.* 1636. *in fol.*

2251 Traité hist. des armes de France & de Navarre, par de Sainte Marthe. *Par.* 1673. *in* 12.

2252 Histoire de l'origine de la 3e. race des Rois

de France, par le Duc d'Epernon. *Paris*, 1680. *in* 12.

2253 Carte généal. de la Maison de Bourbon, par Ch. Bernard. *Par.* 1634. *in fol.*

2254 Histoire généal. de la Maison de France, par Scev. & Loüis de Sainte Marthe. *Par.* 1628. 2 *vol. in fol.*

2255 Histoire généal. & chronol. de la Maison de France, des grands Officiers de la Couronne, &c. par le P. Anselme, augm. par du Fourni. *Par.* 1712. 4 *vol. in fol.*

2256 Tombeaux des personnes illustres, par J. le Laboureur. *Par.* 1642. *in fol.*

2257 Almanach généal. pour 1749. par l'Abbé Destré. *Par. in* 24.

2258 Histoire généal. de la Maison de la Tremoille, par Sainte Marthe. *Par.* 1667. *in* 12.

2259 Histoire généal. de la Maison de Beauvau. *in fol.*

2260 Histoire généal. de la Maison des Briconets, par Guy Bretonneau. *Par.* 1621. *in* 4.

2261 Généalogie de la Maison de Bragelongne. *Par.* 1689. *in* 8.

2262 Histoire généal. des Maisons illustres de Bretagne, par Aug. du Paz. *Par.* 1619. *in fol.*

2263 Recueil de la Noblesse de Bourgogne, Limbourg, &c. par J. le Roux. *Lille*, 1715. *in* 4.

2264 Noms, Armes & Blasons des Chevaliers du S. Esprit, créés en 1662. *in fol.*

2265 De l'utilité des Voyages, par Baudelot de Dairval. *Par.* 1686. 2 *vol. in* 12.

2266 Antiquité expliquée, par D. Bern. de Montfaucon. *Par.* 1719. 1722. 15 *vol. in fol.*

2267 Recueil d'Antiquités égyptiennes, étrusques, grecques & romaines, par M. de Caylus. *Par.* 1752. *in* 4.

2268 Antiquités des Romains expliquées. *La Haye*, 1726. *in fol.*

2269 Images des Dieux, par Vincent Cattari, trad. par Ant. du Verdier. *Lyon*, 1610. *in 8.*

2270 Jo. Seldenus de Diis Syris. *Lugd. Bat.* 1629. *in 12.*

2271 Histoire des Médailles, par Ch. Patin. *Amst.* 1695. *in 12.*

2272 Numismata Impp. Augustarum & Cæsarum, studio Jo. Vaillant. *Amst.* 1700. *in fol.*

2273 Recueil de pierres gravées antiques. *Paris*, Mariette, 1732. 2 *vol. in* 4.

2274 Recueil des pierres gravées du Cabinet du Roi, par P. Jean Mariette. *Par.* 1750. 2 *vol. in fol.*

2275 Rap. Fabretti Inscriptiones antiquæ. *Roma*, 1699. *in fol.*

2276 Joh. Kirchmannus de annulis. *Lugd. Bat.* 1672. *in* 12.

2277 Usage des Postes, par le Quien de la Neuf-ville. *Par.* 1730. *in* 12.

2278 Histoire des grands chemins de l'Empire ro-main, par Bergier. *Par.* 1628. *in* 4.

2279 Histoire de l'origine de l'Imprimerie, par Marchand. *La Haye*, 1740. *in* 4.

2280 Histoire de l'Académie françoise, par Pel-lisson. *Par.* 1701. *in* 12.

2281 La même, nouv. Edit. augmentée par l'Abbé d'Olivet. *Amst.* 1730. 2 *tom.* 1 *vol. in* 12.

2282 Histoire & Mémoires de l'Académie des Ins-criptions & Belles-Lettres. *Par.* 1717. *& suiv.* 21 *vol. in* 4.

2283 Histoire de l'Académie royale des Sciences, avec les éloges, par Fontenelle. *Par.* 1724. 1733. 2 *vol. in* 12.

2284 Mémoires de l'Académie des Sciences, depuis 1666. jusq. 1749. avec les Machines & les Tables. *Par.* 1699. *& suiv.* 78 *vol. in* 4.

2285 Pieces du prix de l'Académie de 1738. *Par.* 1739. *in* 4.

2286 Histoire de la Société royale de Londres, par Th. Sprat. *Gen.* 1669. *in* 8.

2287 Abrégé des Transactions philosophiques, par Jean Lowthorp, & autres jusq. 1733. (en Anglois.) *Lond.* 1716. *& suiv.* 7 *tom.* 8 *vol. in* 4.

2288 Bibliotheque des Auteurs de la Congr. de S. Maur, par D. le Cerf. *La Haye*, 1726. *in* 12.

2289 Jo. Alb. Fabricii Bibliotheca græca. *Hamb.* 1718. *& seq.* 14 *vol. in* 4.

2290 Jo. Alb. Fabricii Bibliotheca latina. *Hamb.* 1712. 2 *vol. in* 8.

2291 Ejusdem Bibliotheca latina mediæ ætatis, (ad Litt. L. inclus.) *Hamb.* 1734. *& seq.* 5 *vol. in* 8.

2292 Bibliotheque de la Croix du Maine. *Paris*, 1584. *in fol.*

2293 Jugemens des Sçavans, par Baillet, avec l'Anti-Baillet, par Ménage. *Paris*, 1685. 16 *vol. in* 12.

2294 Journal des Sçavans, depuis 1665. jusq. 1739. *Par.* 1665. *& suiv.* 63 *vol. in* 4. (manq. 1723.)

2295 Journal des Sçavans, depuis Octobre 1736. jusqu'en Décembre 1743. *Par.* 39 *vol. in* 12.

2296 Nouvelles de la Rép. des Lettres, depuis Septemb. 1684. jusqu'en 1689. par Bayle; depuis 1699. jusqu'en 1710. par Bernard. *Amsterd.* 1684. *& suiv.* 39 *vol. in* 12.

2297 Bibliotheque universelle, par Jean le Clerc, depuis 1688. jusq. 1693. *Amsterd.* 1700. 26 *vol. in* 12.

2298 Bibliotheque choisie, par le même, depuis 1703. jusq. 1713. *Amst.* 1703. *& suiv.* 28 *vol. in* 12.

2299 Bibliotheque ancienne & moderne, par le même, depuis 1714. jusq. 1726. *Amst.* 1714. & *suiv.* 16 *vol. in* 12.

2300 Histoire des Ouvrages des Sçavans, par Basnage de Beauval, depuis Septemb. 1687. jusq. Juin 1709. *Amst.* 1721. 24 *vol. in* 12. (manq. tom. 2. 3. 17.

2301 Journal de Hambourg, par d'Artis. *Hamb.* 1694. 2 *vol. in* 8.

2302 Histoire critique de la République des Lettres, par Masson. *Utrecht*, 1712. 15 *vol. in* 12.

2303 Journal littéraire, depuis 1713. jusqu'en 1736. *La Haye*, 1716. & *suiv.* 23 *vol. in* 12.

2304 Nouvelles littéraires, par du Sauzet. *La Haye*, 1715. & *suiv.* 11 *vol. in* 12.

2305 Bibliotheque angloife, par de la Roche, depuis 1716. jusq. 1728. *Amst.* 1716. 15 *vol. in* 12.

2306 L'Europe sçavante, depuis Janv. 1718. jusq. Juin 1719. *La Haye*, 1718. & *suiv.* 8 *vol. in* 12. (manq. le tom. 6.)

2307 Mémoires de la grande Bretagne, par de la Roche. *La Haye*, 1720. 8 *vol. in* 12.

2308 Bibliotheque germanique, depuis Juillet 1720. jusq. 1741. *Amst.* 1720. & *suiv.* 50 tom. 25 *vol. in* 12.

2309 Nouv. Bibliotheque germanique, depuis 1742. jusq. Juin 1750. *Amst.* 1746. & *suiv.* 12 tom. 6 *vol. in* 12.

2310 Mémoires historiques & critiques. *Amsterd.* 1722. 2 *vol. in* 12.

2311 Bibliotheque françoise, par Camusat & autres, depuis 1722. jusq. 1737. *Amst.* 1723. & *suiv.* 25 *vol. in* 12.

2312 Bibliotheque italique, depuis 1728. jusq. 1734. *Geneve*, 1728. & *suiv.* 18 *vol. in* 12.

2313 Bibliothèque raisonnée des Ouvrages des Sçavans, depuis Juillet 1728. jusq. Décembre 1739. *Amst.* 1728. *& suiv.* 23 *vol. in* 12.

2314 Bibliothèque britannique, depuis Avril 1733. jusq. Septembre 1743. *La Haye,* 1733. *& suiv.* 21 *vol. in* 12.

2315 Le Pour & Contre, par M. Prevost. *Paris,* 1733. *& suiv.* 16 *vol. in* 12.

2316 Nouvelliste du Parnasse : Observations sur les Ecrits modernes, par Desfontaines. *Paris,* 1731. *& suiv.* 28 *vol. in* 12. (manq. aux observ. les tom. 22. 23. & 24.

2317 Lettres sur quelques Ecrits de ce tems, par Freron. *Par.* 1752. 6 *vol. in* 12.

2318 Bibliotheca Colbertina. *Paris,* 1728. 3 *vol. in* 12.

2319 Catalogue des Livres de M. le Blanc. *Paris,* 1729. *in* 8.

2320 Catalogue de Crozat. *in* 8.

2321 Catalogue de M. Secousse. *Par.* 1755. *in* 8.

2322 Œuvres de Plutarque, trad. par Amyot. *Par.* 1583. 2 *vol. in fol.*

2323 Les mêmes. *Geneve,* 1583. 2 *vol. in fol.*

2324 Corn. Neporis Vitæ excellentium Impp. cum notis variorum, accur. Rob. Keuchenio. *Lugd. Bat.* 1667. *in* 8.

2325 Eædem. *Amst.* 1704. *in* 16.

2326 Les Imposteurs insignes, par J. B. de Rocoles. *Brux.* 1728. 2 *vol. in* 8.

2327 Vies de Capitaines françois, par de Forquevauls. *Par.* 1643. *in* 4.

2328 Hommes illustres, par Perrault. *Amsterd.* 1698. *in* 12.

2329 Mémoires des hommes illustres, par le P. Niceron. *Par.* 1729. *& suiv.* 30 *vol. in* 12.

2330 Germ. Sardi Vitæ S. Philippi Benizi. *Rome,* 1681. *in* 4. *m. r.*

2331 Histoire du Syndicat de Richer. *Par.* 1753. *in* 12.

2332 Question si M. Arnauld est hérétique. 1690. *in* 12.

2333 Vie de Mademoiselle de Lenclos, par Bret. *Par.* 1751. *in* 12.

2334 Vie de M. de Fenelon, par Ramsay. *Amst.* 1727. *in* 12.

2335 Histoire de la Comtesse des Barres. (l'Abbé de Choisy.) 1736. *in* 12.

2336 Eloge du Card. de Polignac. 1742. *in* 12.

2337 Les Femmes sçavantes. *Amst.* 1718. *in* 12.

2338 Dictionnaire de Juigné. *Par.* 1656. *in* 4.

2339 Dictionnaire historique, par L. Moreri. *Par.* 1718. 5 *vol. in fol.*

2340 Dictionnaire hist. & crit. par P. Bayle. *Amst.* 1730. 4 *vol. in fol.*

F I N.

La Vente des Livres de Monsieur DAVY DE LA FAUTRIERE commencera Lundi 10 Mai 1756, en sa Maison, cul-de-sac S. Dominique, Faubourg S. Jacques.

Le Catalogue se trouve chez BARROIS, Libraire, Quai des Augustins.

De l'Imprimerie de DIDOT, Quai des Augustins, à la Bible d'or.